Ya-Kang Gaosu Gonglu Jianshe Guifanhua Guanli Zhinan
雅康高速公路建设规范化管理指南

四川雅康高速公路有限责任公司　主编

人民交通出版社股份有限公司

北　京

内　容　提　要

本指南以四川雅康高速公路建设为实例，全面系统地阐述了高速公路项目基本建设程序、工程质量安全管理、科研技术创新、进度成本控制、生态环境保护等各项管理工作，总结提炼了雅康高速公路建设过程中的管理经验，为同类型工程项目业主的管理工作提供了宝贵的管理经验借鉴。

本书可供高速公路建设、管理人员阅读参考。

图书在版编目（CIP）数据

雅康高速公路建设规范化管理指南／四川雅康高速公路有限责任公司主编．— 北京：人民交通出版社股份有限公司，2022.9
ISBN 978-7-114-18121-4

Ⅰ.①雅…　Ⅱ.①四…　Ⅲ.①高速公路—道路建设—规范化—管理体系—四川—指南　Ⅳ.①U415.12-62

中国版本图书馆 CIP 数据核字（2022）第 136564 号

书　　名：	雅康高速公路建设规范化管理指南
著 作 者：	四川雅康高速公路有限责任公司
责任编辑：	郭晓旭
责任校对：	席少楠
责任印制：	刘高彤
出版发行：	人民交通出版社股份有限公司
地　　址：	（100011）北京市朝阳区安定门外外馆斜街 3 号
网　　址：	http://www.ccpcl.com.cn
销售电话：	（010）59757973
总 经 销：	人民交通出版社股份有限公司发行部
经　　销：	各地新华书店
印　　刷：	北京虎彩文化传播有限公司
开　　本：	880×1230　1/16
印　　张：	5.25
字　　数：	112 千
版　　次：	2022 年 9 月　第 1 版
印　　次：	2024 年 1 月　第 2 次印刷
书　　号：	ISBN 978-7-114-18121-4
定　　价：	48.00 元

（有印刷、装订质量问题的图书，由本公司负责调换）

《雅康高速公路建设规范化管理指南》
审查委员会

主 任 委 员：周　伟
副主任委员：李彦武　李永林　陈　渤　袁飞云
委　　　员：赵之杰　郑　斌　牟　力　杰罗拉提
　　　　　　刘家民　王　莉　杨晓敏　孙　欧
　　　　　　冯学刚　余宗琼　刘兆磊

编写委员会

主 任 委 员：黄　兵
副主任委员：唐承平　郑　忠　周道良　肖　锋
主 编 单 位：四川雅康高速公路有限责任公司
参 编 单 位：北京新桥技术发展有限公司
编 写 成 员：李万军　代枪林　吴　斌　曾德力
　　　　　　雷开云　王世法　程起光　纪亚英
　　　　　　刘　红　赵　江　张　巍　闫红光
　　　　　　李世佳　狄海波　陶　伟　余代岱
　　　　　　王　杰　何　雪　李　爽　王　志
　　　　　　王学光　李　征

前　言

党的十八大以来，我国交通运输发展取得了举世瞩目的成就，基础设施网络规模居世界前列，国家高速公路建设快速有序发展，有力支撑了国家重大战略实施，为决胜全面建成小康社会提供了坚实保障。

雅安—康定高速公路（以下简称雅康高速公路），是国家高速公路网雅安至叶城（新疆喀什）高速公路的重要组成部分。雅康高速公路连接雅安与康定，是四川盆地进入青藏高原的经济大动脉，在稳藏安康、脱贫攻坚方面发挥重要作用。2018年12月31日，雅康高速公路全线建成通车，结束了甘孜州无高速公路的历史，进一步完善了国家高速公路网，促进了经济社会跨越发展和长治久安。

茫茫川藏高原，崇山峻岭，山高谷深，河流纵横，构造、地形、地质条件极其复杂，气候条件极其恶劣，生态环境极其脆弱，建设条件极其艰难……四川雅康高速公路有限责任公司传承弘扬"两路"精神，践行绿色理念，坚持创新驱动，以打造优质工程、生态工程、和谐工程为目标，"实"字当头，"干"字为先，组织全体参建单位精心施工，科学管理，实现了工程又好又快又美又廉建设，建成了"二郎山隧道""大渡河特大桥"等优质工程，将雅康高速公路打造成内地通往涉藏地区的发展之路、致富之路、和谐之路、民族团结之路。

为了全面总结雅康高速公路建设过程中的管理经验，四川雅康高速公路有限责任公司精心策划，编写了《雅康高速公路建设规范化管理指南》（以下简称《指南》）。《指南》系统梳理了高速公路项目建设过程中各项工作，明确了履行基本建设程序、工程质量安全管理、科研技术创新、进度成本控制、生态环境保护等各项工作重点，规范了建设管理行为，旨在为同类型工程项目的管理工作提供经验借鉴，促进山区高速公路建设管理水平迈上新台阶。

《指南》在编写和出版过程中，得到了蜀道投资集团有限责任公司、四川藏区高速公路有限责任公司等上级单位及系统内各兄弟单位和各级领导的大力支持，在此一并表示感谢。

由于编者水平有限，书中难免存在不足之处，恳请广大读者批评指正。

编　者
2022年7月

目 录

1 总则 ··· 1
2 基本规定 ··· 2
   2.1 总体要求 ··· 2
   2.2 一般规定 ··· 2
   2.3 基建程序 ··· 3
3 项目公司基本要求 ··· 4
   3.1 一般规定 ··· 4
   3.2 机构设置 ··· 5
   3.3 人员配备 ··· 5
   3.4 管理制度 ··· 6
   3.5 主要职责 ··· 6
4 项目前期工作管理 ··· 8
   4.1 一般规定 ··· 8
   4.2 管理准备工作 ·· 8
   4.3 手续申报 ··· 9
   4.4 资金筹措 ··· 10
5 勘察设计管理 ·· 11
   5.1 一般规定 ··· 11
   5.2 勘测勘察管理 ·· 12
   5.3 初步设计管理 ·· 12
   5.4 施工图设计管理 ··· 14
   5.5 勘察设计咨询管理 ·· 15
6 征地拆迁管理 ·· 17
   6.1 一般规定 ··· 17
   6.2 前置工作 ··· 17
   6.3 征地拆迁实施 ·· 19

6.4	征拆资金管理	20
7	**招标管理**	**22**
7.1	一般规定	22
7.2	招标	23
7.3	开标、评标和中标	24
7.4	招标纠纷的处理	25
8	**项目准备阶段管理**	**26**
8.1	一般规定	26
8.2	会议及交底	26
8.3	管理工作	27
8.4	协调工作	29
8.5	手续申报	29
9	**质量管理**	**31**
9.1	一般规定	31
9.2	质量管理体系	32
9.3	重大专项技术方案	32
9.4	质量检查与验收	32
9.5	质量事故与缺陷处理	33
10	**进度管理**	**34**
10.1	一般规定	34
10.2	进度计划	34
10.3	进度执行	35
10.4	进度调整	36
11	**安全管理**	**37**
11.1	一般要求	37
11.2	安全管理体系	38
11.3	重大危险源管理	39
11.4	安全专项方案	39
11.5	安全检查与培训	39
11.6	安全事故处理	40
11.7	安全生产与奖罚	40

12	合同管理	41
	12.1 一般规定	41
	12.2 合同订立	42
	12.3 合同履行	42
	12.4 合同变更	42
	12.5 合同索赔	43
	12.6 合同解除与争议解决	43
13	费用管理	44
	13.1 一般规定	44
	13.2 投资计划	45
	13.3 工程计量	45
	13.4 费用支付	46
	13.5 过程审计	46
	13.6 民工工资管理	46
14	档案及信用管理	48
	14.1 档案管理	48
	14.2 信息化管理	49
	14.3 信用评价	49
15	生态环境保护	50
	15.1 一般规定	50
	15.2 耕地保护	51
	15.3 绿色公路	51
	15.4 环境保护	52
	15.5 文化建设和旅游服务设施	52
16	科研管理	54
	16.1 一般规定	54
	16.2 科研管理	54
	16.3 教育培训与人才培养	55
17	项目验收阶段管理	56
	17.1 交工验收	56
	17.2 缺陷责任期	57

17.3	竣工验收	58
18	**党建管理**	**61**
18.1	党建管理	61
18.2	纪检监察管理	61
18.3	党风廉政管理	62
附录1	标准规范清单	64
附录2	部门职责	67

1　总则

1.0.1　为深入贯彻交通运输行业"创新、协调、绿色、开放、共享"的发展理念,促进高速公路建设体系与治理能力现代化,制定本指南。

1.0.2　本指南适用于雅康高速公路建设全过程规范化管理,其他类似高速公路建设项目可参照执行。

1.0.3　高速公路建设项目管理工作除应符合本指南的规定外,尚应符合国家、省、上级公司及行业现行有关要求的规定。

2 基本规定

2.1 总体要求

2.1.1 应落实上级管理部门有关要求,全面落实参建单位的责任,推行标准化施工和精细化管理,营造和维护合法、规范、有序的项目建设环境,将项目建设成为"通""优""美""廉"工程。

2.1.2 高速公路项目管理实行项目法人制、工程招投标制、工程监理制、合同管理制四项基本制度。

2.1.3 应依据以下法律、法规及其他管理规定开展工作:
 1 有关法律法规、技术标准、规范性文件;
 2 项目批复(或核准)文件;
 3 项目合同文件;
 4 项目规章制度。

2.2 一般规定

2.2.1 阶段划分
高速公路项目建设阶段可划分为如下四个阶段:
 1 项目前期阶段:工可批复(或核准)之日开始,至施工合同、监理合同签订之日;
 2 项目准备阶段:施工合同、监理合同签订之日至项目开工令确定的开工之日;
 3 项目实施阶段:项目开工之日至项目交工验收申请受理之日;
 4 项目验收阶段:项目交工验收申请受理之日至项目《公路工程竣工验收报告》备案(或《公路工程竣工验收鉴定书》签发)完成之日。

2.2.2 阶段主要工作

1 项目前期阶段

按照批准的施工图设计及施工图预算组织项目建设,制定建设管理制度,确定招标代理单位,组织招标工作,择优选择参建单位,签订相关合同,向交通主管部门办理行政许可、审批、审查和备案事项,开展建设资金筹措工作。

2 项目准备阶段

配合完成征迁工作,完成监理单位、施工单位及其他参建单位的人员设备进场验收工作,对临时驻地、施工场地、临时道桥组织验收,办理相应的质量安全监督、施工及其他许可手续,督促各参建单位完成管理及生产策划、临时试验室的组建及报验,召开第一次建设管理会议,完成交桩、技术及质量安全交底,组织工程量清单核算等工作。

3 项目实施阶段

组织、督促、协调各参建单位按合同要求开展工作,以标准化施工、管理为基础,以优质、平安、生态、节能减排为主要目标,抓好工程的进度、质量、施工标准化(包括文明施工)、安全、费用、合同、资金、廉政、环保、节能减排、档案及其他监督管理工作,履行设计变更、计量支付等的审批或报批工作。

4 项目验收阶段

组织交工验收,处理工程实体的遗留问题,完成缺陷责任期内缺陷责任的认定及修复,组织专项验收,完成工程竣工验收等工作。

2.3 基建程序

2.3.1 基建程序应遵循下列步骤:

1 根据批准的可行性研究报告,编制初步设计文件;

2 根据批准的初步设计文件,编制施工图设计文件;

3 根据批准的施工图设计文件,组织项目招标;

4 根据国家有关规定,进行征地拆迁等施工前准备工作,并向交通主管部门申报施工许可;

5 根据批准的项目施工许可,组织项目实施;

6 项目完工后,编制竣工图表、工程决算和竣工财务决算,办理项目交、竣工验收和财产移交手续;

7 竣工验收合格后,组织项目后评价。

3 项目公司基本要求

3.1 一般规定

3.1.1 应在工程可行性研究报告批准(或核准)后,完成初步设计批复前,按照任务目标原则,分工协作原则,责、权、利一致原则,精干高效原则,弹性和流动性原则适时组建项目公司,具有独立法人资格,独立核算、自主经营、独立承担法律和经济责任。

3.1.2 应按照建设环境友好型、资源节约型公路的要求,通过加大新技术、新工艺、新材料、新理念的推广应用,优化设计,把保护生态和环境、节约和集约用地、节能减排等工作落实到位。

3.1.3 项目建设期间要加强管理,落实征地拆迁相应政策,合理掌握建设工期,确保工程质量,推行项目管理专业化、工程施工标准化、管理手段信息化,严格控制项目总投资。

3.1.4 项目公司的建设管理总体思路:
1 坚持廉洁从业、有为才有位、凡事重落实的工作理念,加强项目公司自身管理;
2 坚持执行合同、规范行为、精细管理、强化控制的工作机制,加强项目建设工程质量、安全、造价、环水保等管理;
3 坚持同步安排、并联推进、交叉作业、无缝衔接的工作方法,加强项目建设的进度管理;
4 坚持主动汇报、积极协调、合法合理、稳妥推进的工作原则,加强项目建设环境保障管理。

3.2 机构设置

3.2.1 应按照项目的实际情况,从人员组成、公司章程、组织机构设置、规章制度建设、公司地址、注册资金等方面进行组建,同时完成工商登记及税务登记。

3.2.2 应将单位的基本信息、现场机构、职责分工、人员配置及其他必要的信息在规定时间内向行业主管部门备案。若组织机构、主要负责人变更,应报原备案部门备案。

3.2.3 设董事会、经营层、监事。实行董事长负责制。董事会是公司决策和执行机构,董事长全面主持公司工作。经营层由总经理和副总经理及其他高管组成。

3.2.4 遵循"分工明确、权力制衡、保证效率"的原则,设立与项目管理相适应的职能部门,应包工程建设部(安全生产办公室)、技术合同部、资金财务部、综合办公室,建设现场设业主代表处。具体部门职责见附件2。

3.2.5 应根据路段长度和项目规模综合评估业主代表处设立数量,建议业主代表处管辖的路线长度不宜超过40km,且不宜低于20km。

3.2.6 各部门、业主代表处应各尽其职、各负其责,协调配合、令行禁止。各部门的职能及相互之间的协作关系由项目公司统一安排。

3.3 人员配备

3.3.1 主要管理人员应具有良好的职业道德,具备相应业务和组织管理能力。

3.3.2 应结合工程规模、建设条件、技术要求、建设工期等相关因素,按精干和高效原则,确定管理人员结构和数量。

1 技术人员不少于总人数的65%,具有中、高级及以上专业技术职称的人员应不少于工程技术管理人员总数的70%;
2 特殊结构桥梁、特长隧道或地质特别复杂工程,应配有桥梁、隧道、地质等相应专

业的技术人员,以满足工程管理的需要;

3 应根据工程实施的进展,及时补充机电、交安、绿化和房建等附属工程技术管理人员。

3.4 管理制度

3.4.1 应根据项目建设目标编制建设管理大纲,包括但不限于:

1 项目概况,包括基本情况、主要技术经济指标及工程量情况、项目重难点分析;
2 建设管理体系,包括项目公司内部组织机构、职责分工、管理框架及管理措施;
3 项目进度、质量、安全、费用及其他目标;
4 项目管理专项计划。

3.4.2 应编制项目公司内部管理制度,包括但不限于:

1 工作及人员管理制度,包括督办工作制度、干部任用制度、公文处理制度、工作会议制度等;
2 财务管理制度;
3 员工工资及绩效考核管理办法;
4 廉政管理制度。

3.4.3 应编制项目建设管理制度,包括但不限于:

1 对参建单位工作及人员的管理制度;
2 工程进度、质量、施工标准化、安全、费用、合同、资金、廉政、环保、档案及其他管理制度;
3 项目检查、考核、信用评价、奖惩激励等管理制度。

3.4.4 当建立的管理制度不能满足管理需要时,应及时补充完善,确保项目管理有效。

3.5 主要职责

3.5.1 负责建设程序的相关工作,主要包括:
1 设计文件、相关专题等审查、报批工作;

2 项目的招标投标工作；

3 质量、安全监督手续的申请工作；

4 施工许可的报批工作；

5 较(重)大变更设计、概算调整的报批工作；

6 组织交(竣)工验收工作及相应的报批或备案工作。

3.5.2 组织设计、监理、施工、试验、检测、科研等参建单位完成工程项目等建设任务，主要包括：

1 编制项目建设管理大纲；

2 制定项目管理制度；

3 召开建设管理会议；

4 召开设计技术交底、质量监督交底等会议；

5 对设计、监理、施工、试验、检测、科研等参建单位的履约管理；

6 工程等进度、质量、施工标准化、安全、费用、合同、廉政、环保、档案及其他施工标准化的管理；

7 负责总体组织施工组织设计及重大方案、设计变更、计量、人员变更等的审核或批准；

8 依法使用和管理交通建设项目资金，及时支付工程款。

3.5.3 应协调配合做好相关工作，主要包括：

1 建设期间的征地拆迁等政策处理工作；

2 行业主管部门及其质量安全监督部门对工程项目的监督管理等工作；

3 其他主管部门要求等相关工作。

3.5.4 做好项目公司的内部管理，主要包括：

1 项目建设管理工作；

2 对职能部门及工作人员的工作实施检查和考核。

4 项目前期工作管理

4.1 一般规定

4.1.1 应配合上级单位严格把好项目建设前期工作质量关。

4.1.2 项目公司作为前期工作的管理主体,掌握上级单位已经开展的工作并负责各项具体实施工作。

4.1.3 应通过招标方式确认具有相应专业资质或能力的单位承担项目前期工作,编制单项评估(价)报告,申报相关行业主管部门审批。

4.2 管理准备工作

4.2.1 应收集并整理与本项目有关的文件资料,包括但不限于工程沿线的经济社会状况、征迁环境、人文水保、地质水文、交通组织、社会风险等,形成系统、完整、真实、准确的调研结果,并由专人管理。

4.2.2 应负责与地方政府、相关部门、相关团体,以及当地人民群众做好项目建设外部环境的协调保障工作,协助解决施工过程中的突出问题,共同营造良好建设环境。

4.2.3 重点加强变更设计新增用地、施工临时用地、地方道路使用、线外影响施工房屋处理、永临电力供应等方面工作协调。合法合理解决线外工程、通道水系恢复、施工临时用地复垦、连接线等事宜。

4.2.3 应建立合署办公、联席会议制度和工作协议,集中技术力量,加大施工协调力度,为施工提供优良环境保障。

4.3 手续申报

4.3.1 前置工作程序流程如图4-1所示,应按基本建设程序和项目管理权限向交通主管部门办理行政许可、审批、审查和备案事项。

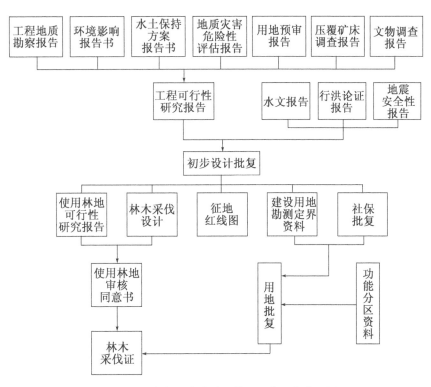

图4-1 雅康高速公路项目前置工作程序流程图

4.3.2 工程可行性研究报告报批前须取得项目用地预审与选址意见书、社会稳定风险评估等前期手续的批复,一并报发改委审批(或核准)。

4.3.3 项目开工前应完成的以下专项审批：环境影响评价、地质灾害危险性评价、压覆矿产资源调查、水土保持方案报告书、放射性环境影响评价、文物考古调查、航道通航条件影响评价、防洪评价、蓄滞洪区洪水影响评价、海域使用预审、自然保护区及风景名胜区保护审批等。

4.3.4 各专项审批相关工作要尽早启动,应与工可同步开展。

4.4 资金筹措

4.4.1 项目实施前,项目公司应结合项目总投资计划配合制定融资方案,在上级指导下,开展具体建设资金筹措工作。

4.4.2 建设资金的筹措方式及各项资金所占的比例在工程可行性报告批复前要以书面形式经各方确认;对以其他方式筹措资金的,应严格按照国家规定和上级主管部门的要求办理各项手续,不得擅自扩大筹资范围。

4.4.3 建设资金的到位要根据国家的相关政策及项目的进展情况,制定必要的资金需求计划,确定项目资本金的到位计划及各项贷款计划。

4.4.4 建设资金的筹措应遵循"尽量减少现金库存"的原则,合理利用资金,最大程度降低项目的财务费用,降低建设成本。

4.4.5 为了保障前期工作的经费账目清晰、责任分明,在项目前期工作阶段应设置独立临时银行账户,开设独立核算账套。

5 勘察设计管理

5.1 一般规定

5.1.1 应完善设计管理体系,对设计全过程管理进行规范统一,落实好批复衔接工作,明确设计单位和参与各方权责,及时组织制订项目总体勘察设计工作大纲,通过分阶段考核,设立审查制度、奖惩制度,建立设计质量考核档案,建立设计后期服务管理办法,进行设计阶段性成果分段把关控制、多方案优化比选、分层次分级会议、专家诊断、设计结果反证分析。

5.1.2 应通过招标方式确定具有相应专业资质或能力的单位来承担项目勘察设计工作,应在勘察设计合同中明确高速公路建设项目勘察设计的具体要求、工作深度和工作质量,明确提出总体质量控制目标。

5.1.3 应结合项目建设特点及技术难题,给予准确项目定位,科学、合理、有针对性地制定设计工作理念和总体原则,开拓勘察设计思路,创新勘测设计理念,推广应用新结构、新设备、新材料及新工艺,在施工中进一步完善和落实设计创新点,争创优质工程。科学确定公路走廊、建设标准,创建与沿线环境共同持续发展的和谐公路。

5.1.4 应组织设计单位对规模大、结构特殊或复杂的技术问题进行科学实验、专题研究、专项设计。

5.1.5 应委托有资质的单位进行全过程设计咨询工作,尽早介入并参与设计过程,及时与设计单位沟通意见并落实。

5.1.6 应加强勘察设计单位信用评价工作,对勘察设计单位人员结构、资质、数量及设计工作进度等进行履约检查。

5.1.7 应做好相应的协调工作,为设计人员提供外部环境支持,配合各设计单位、行业主管部门、地方政府做好项目沟通协调工作。

5.2 勘测勘察管理

5.2.1 应督促勘测、勘察单位编制勘测、勘察大纲和事先指导书,对事先指导书组织审查,并进行备案手续。

5.2.2 应对勘测、勘察工作进行现场管理,依据合同检查勘察设计人员资质、数量及现场工作情况,并督促专业单位核查勘察单位按照勘测大纲、勘察大纲和事先指导书完成勘测、勘察工作。

5.2.3 应加强全线工程详测、详勘验收工作,认真做好专题研究成果的鉴定验收,确保专题研究成果、工程地质勘察成果在设计中的有效利用。加强以特大桥隧道为重点的工程地质勘察,做好气象等基础资料调查和观测。

5.2.4 应对勘测、勘察成果组织验收,并进行备案手续。

5.3 初步设计管理

5.3.1 应根据合同约定,对初步设计单位各专业设计人员的结构、资质、数量及设计工作进行履约检查。

5.3.2 应督促设计单位按有关要求落实标准化设计工作,非部标准图设计应严格审查,综合考虑地形地质条件、两端接线、施工条件、安全风险、投资运营管理等,进一步优化设计方案,做好专题研究成果。做好长大纵坡路段和隧道群段安全设计,研究防灾救援措施,提高运营安全。

5.3.3 在督促设计单位在编制设计方案时,应贯彻绿色公路、品质工程、交通旅游融合发展、BIM 技术应用、科技攻关等设计要求,加强现场踏勘和线路调研工作。

5.3.4 应对设计文件进行初审,应加强对总体设计和功能设计的审查,监督设计单位落实前一阶段的审查意见。

5.3.5 应委托有资质的单位对设计单位编制的概算进行审查,确保概算符合相关规定。

5.3.6 初步设计文件审批内容详见表 5-1。

表 5-1　雅康高速公路初步设计文件审批内容

工作事项	实施单位	工作内容	工作成果	工作时间	注意事项	备注
初步设计文件编制	设计单位	按照勘察设计大纲及公路工程基本建设项目设计文件编制办法	初步设计文件	初测初勘成果验收后	贯彻绿色公路、品质工程、交通旅游融合发展、BIM 技术应用、科技攻关等设计要求	加强现场踏勘和线路调研
初步设计文件过程咨询审查	勘察设计监理单位、过程技术咨询单位	审核初步设计质量、安全、环保等强制性标准,相关专项报告,设计的合理性,开展动态跟踪、中间检查、阶段验收工作	监理审查报告、过程技术咨询报告	初步设计文件完成	绕避重大地质灾害点和征拆点,对地质勘察深度不够的工点是否采取了质量和安全措施,工程量是否合理等	—
集团设计咨询院审查	项目单位、集团设计咨询院	设计文件进行审查	审查意见	提出审查意见后,设计文件内审前	—	—
内部评审	集团子公司	对初步设计文件进行内部评审	内审意见	初步设计文件初稿形成	督促设计单位按意见修改完善	—
专家会审查	省交通运输厅	组织专家对初步设计文件进行审查	专家组意见	初步设计文件完成,审查单位已出具初步意见	设计单位按内审意见完善	地方政府参加
修改完善	设计单位	设计单位结合相关意见,修改完善设计	初步设计文件	相关审查意见完成	响应各方意见	—
成果审查	成果审查单位	符合性、强制性和政策性审查	成果审查意见	设计文件修改完善后	—	—
办理审批	项目单位	准备相关资料申请审批	初步设计批复文件	设计单位完成设计文件	完善所有报批资料,加强与相关单位的沟通协调	—

5.4 施工图设计管理

5.4.1 应综合考虑工程量、技术特点、土石方平衡、施工组织、现场管理等因素,对项目的施工和监理标段进行划分。

5.4.2 应督查设计单位进一步细化施工组织计划,进一步加强永临结合的用电专项设计,进一步补充驻地标准化及驻地安全设计等相关内容。施工中应切实落实环、水保的相应对策措施,充分重视施工便道运营安全问题。

5.4.3 应严格履行基本建设程序,按初步设计批复文件组织编制施工图设计文件和招标文件,施工图设计文件由四川省交通运输厅审查,审查意见于招标前报交通运输部备案。

5.4.4 应按消防部门的要求办理相应审批、备案手续。

5.4.5 施工图预算应控制在批准的初步设计概算范围内。

5.4.6 初步设计文件审批内容详见表5-2。

表5-2 雅康高速公路施工图设计文件审批内容

工作事项	实施单位	工作内容	工作成果	工作时间	注意事项	备注
施工图设计文件编制	设计单位	按照勘察设计大纲及公路工程基本建设项目设计文件编制办法	施工图设计文件	初步设计批复,定测详勘完成	贯彻绿色公路、品质工程、交通旅游融合发展、BIM技术应用、科技攻关等设计要求	加强现场踏勘和线路调研
施工图设计文件过程咨询审查	勘察设计监理单位、过程技术咨询单位	审核初步设计质量、安全、环保等强制性标准,相关专项报告,设计的合理性,开展动态跟踪、中间检查、阶段验收工作	监理审查报告、过程技术咨询报告	施工图设计文件完成	绕避重大地质灾害点和征拆点,对地质勘察深度不够的工点是否采取了质量和安全措施,工程量是否合理等	—

续上表

工作事项	实施单位	工作内容	工作成果	工作时间	注意事项	备注
集团设计咨询院审查	项目单位、集团设计咨询院	设计文件进行审查	审查意见	提出审查意见后,设计文件内审前	—	—
内部评审	集团子公司	对施工图设计文件进行内部评审	内审意见	施工图设计文件初稿形成	督促设计单位按意见修改完善	—
专家会审查	省交通运输厅	组织专家对施工图设计文件进行审查	专家组意见	施工图设计文件完成,审查单位已出具初步意见	设计单位按内审意见完善	地方政府参加
修改完善	设计单位	设计单位结合相关意见,修改完善设计	施工图设计文件	相关审查意见完成	响应各方意见	—
成果审查	成果审查单位	符合性、强制性和政策性审查	成果审查意见	设计文件修改完善后	—	—
办理审批	项目单位	准备相关资料申请审批	施工图设计批复文件	设计单位完成设计文件	完善所有报批资料,加强与相关单位的沟通协调	—

5.5 勘察设计咨询管理

5.5.1 可配合上级单位聘请具有公路法律、法规、规章许可的咨询公司对设计单位提供的设计文件进行审核。

5.5.2 宜委托具有甲级资质的勘察设计单位对项目进行勘察设计咨询服务,在合同中明确勘察设计咨询单位的职责和工作内容,与勘察设计同步开展咨询工作。

5.5.2 应要求勘察设计咨询单位对勘察设计工作计划、勘察设计大纲、勘测报告、地质勘察资料等出具中间审查咨询意见。

5.5.3 应要求勘察设计咨询单位在初测和定测完成之后,提出总体功能设计、路线设计和路线交叉设计的咨询意见。

5.5.4 设计文件报交通运输主管部门审查前,项目公司应要求勘察设计咨询单位提交设计咨询审查意见,必要时应提供复核计算书,并督促勘察设计单位答复、落实咨询审核意见。

6 征地拆迁管理

6.1 一般规定

6.1.1 应设立征拆工作组织机构,确定征拆工作目标、建立健全规章制度,落实专职工作人员,明确工作职责。

6.1.2 应主动作为、全过程参与并统筹和主导征拆工作。配合当地政府做好政策处理工作,通过深入细致、集中力量、全程跟踪、倒排时间、定人定责,全面完成项目征地拆迁工作。

6.1.3 建立"四个会议"机制,即联席会议、现场办公会、专题协调会和设计回访会,确保征地拆迁和谐推进。联席会议解决工程建设与征地拆迁进度协调问题;现场办公会,督查进度,尽快开工;专题协调会解决征地拆迁重大问题;设计回访会解决工程建设与地方和谐问题。

6.1.4 进一步完善信息报送机制,加强向沿线党委、政府和上级单位的汇报请示,联合成立土地确权工作机构,积极主动配合政府加快专项拆迁,协调解决施工过程中的突出问题,共同营造良好建设环境。

6.1.5 创新征拆工作举措,结合"扶贫+高速"征拆模式,设立签约奖和提前签约等优惠政策。

6.2 前置工作

6.2.1 项目用地预审阶段所需的沿线乡镇土地利用总体规划修改、土地保护专题报告等工作由项目公司委托由相应资质的单位组织完成。

6.2.2 按照项目建设管理要求,项目公司完成土地组卷报件涉及的林地、环评、水保、压覆矿、地灾等评估报告或批复意见等前置报件资料,统一上报审批。

6.2.3 根据设计文件和国土勘测定界成果,项目公司按照程序向地方国土主管部门提出控制性工程现行用地和建设用地申请并提交相应资料,建设用地审批如图 6-1 所示。

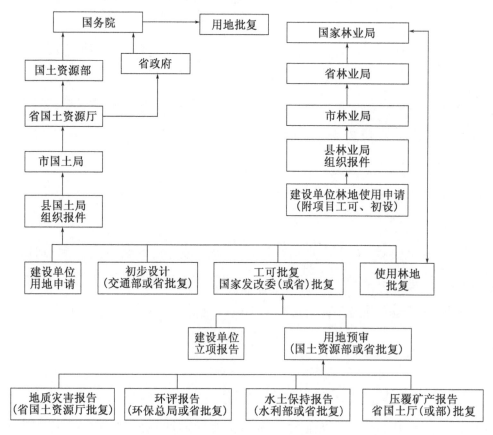

图 6-1 雅康高速公路建设项目用地审批流程示意图

6.2.4 应确保项目的规划、设计在保证功能、满足规范的前提下,力求精细,提供准确的征地拆迁数量。

6.2.5 应负责组织项目征地拆迁的各类手续的办理。可授权或委托各级地方征地拆迁协调办公室及相关部门协助办理本辖区范围内需办理的各项手续,配合项目公司收集、整理相关资料,并对其真实性负责。

6.2.6 征地拆迁的各种手续应严格按规定的程序和要求办理,原则上每一项工作结束,其各项规定的批文证照应办理齐全。项目正式交竣工验收前,项目公司应确保征地拆迁工作满足工程交竣工验收的需要。

6.3 征地拆迁实施

6.3.1 应尽快与地方政府签订工作协议,明确征地拆迁主体责任及双方义务,确定征地拆迁范围、工作进度、补偿标准、费用支付方式等,确保在开工前完成该项工作。

6.3.2 应积极配合地方政府做好相关法律法规和政策的宣传解释工作,严格执行相关征拆标准。

6.3.3 应依据项目设计文件及总体施工计划,制定征地拆迁工作计划,确保工作有序,责任落实,部署明确,贯彻及时。

6.3.4 应组织沿线协调办公室(指挥部)按要求进行划线、埋桩和地界保护工作。根据核定的征地拆迁补偿数量、结合征地拆迁补偿标准,计算征地拆迁补偿费并对其进行公示,同时进行拍照、摄像,并永久保存相关资料。

6.3.5 项目公司分别与国家、省(市)级电力、通信、天然气等部门及其他设施的权属单位签订拆迁补偿协议(或委托沿线协调办签订协议)。

6.3.6 应负责协调施工过程中涉及征地拆迁产生的各类问题,并办理施工变更设计涉及的征地拆迁工作。

6.3.7 应建立书面报告机制,将项目每月的征地拆迁工作进展情况及时向地方政府进行书面报告,同时抄报上级单位。涉及需由省级层面协调的事项,项目公司应及时进行书面报告。

6.3.8 在征地拆迁过程中应加强项目公司内部监督及对参与征拆工作的各相关部门

的监督工作。

6.3.9 征地拆迁工作流程如图 6-2 所示。

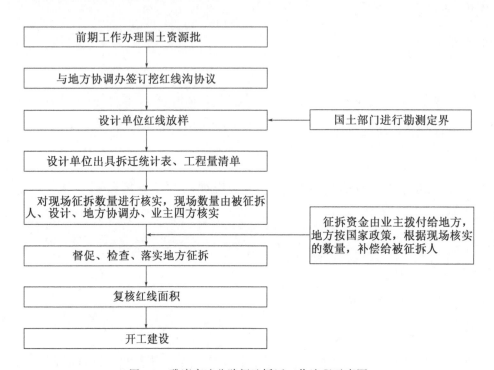

图 6-2 雅康高速公路征地拆迁工作流程示意图

6.4 征拆资金管理

6.4.1 应制定本项目征地拆迁补偿资金的管理办法。

6.4.2 应按照征地拆迁工作协议及时拨付征地拆迁资金,及时与各区县征地协调工作机构核对资金,及时转账核销。

6.4.3 应按照"总额控制、规范使用、实事求是、依法保障"的原则,认真核对确认征地拆迁数量,确保征地拆迁费用的有效控制。要根据各项目的具体情况,按规定确定征地拆迁工作经费额度,并纳入概算,专项用于征地拆迁工作开支。

6.4.4 应对拨付给各区县政府征地拆迁协调工作机构的征地拆迁资金专款专用,对兑付情况进行监督检查,并按照上级要求组织财务部门做好征地拆迁补偿资金管理工作的档案整理、归档工作。

6.4.5 应定期或不定期对征地拆迁资金使用情况进行检查,并自觉接受相关审计、检查监督工作。

7 招标管理

7.1 一般规定

7.1.1 高速公路建设项目履行项目审批(或核准)手续后进行勘察设计招标;初步设计文件批准后进行设计施工总承包及其监理招标;施工图设计文件批准后进行施工及其监理招标;施工监理单位开始招标后进行试验单位、检测单位、监测单位招标。

7.1.2 项目公司应建立招投标管理制度,确定项目招投标实施方式,规定管理与控制的流程与方法。

7.1.3 创新"四个全面"的招标工作机制,全面履行报审程序、全面开展电子化招标、全面进入省政府公共资源交易中心和全面实现"两随机三分离",确保工程招标合法推进,积极沟通、主动汇报,同步安排、并联推进项目招标工作。

7.1.4 根据项目特点,实施分阶段招标。根据有关法律法规、项目特点编制切实可行的资格预审工作方法。主要核实投标人合法身份、资质、综合实力、财务状况,并根据项目建设条件复杂、技术含量高,针对性提出关于类似工程业绩、关键设备要求、项目主要人员要求等条件。

7.1.5 结合项目建设特点和技术标准,严格把控招标文件编制质量,确定合理标段、合理工期、合理造价、合理设置资质、业绩及人员条件,严格按照交通行政主管部门招标实施计划编制招标文件。对于大型项目,在施工图、工程量清单编制中应适时召开专家评审会,确保施工图、工程量清单的一致性。同时将标准化建设纳入招标文件,保证工程源头质量。

7.1.6 招标活动依据"公开、公正、公平、诚实守信"的原则,按照规定完善相关报备手续,主动接受纪检部门、广大人民群众和媒体的监督,主动接受公证机关进行相关的公证。

7.1.7 应加强招投标资料的管理归档,收集并妥善保存招投标形成的文字、图纸、图表及声像等档案资料,确保招投标活动具有可追溯性。

7.1.8 项目招标工作流程如图 7-1 所示。

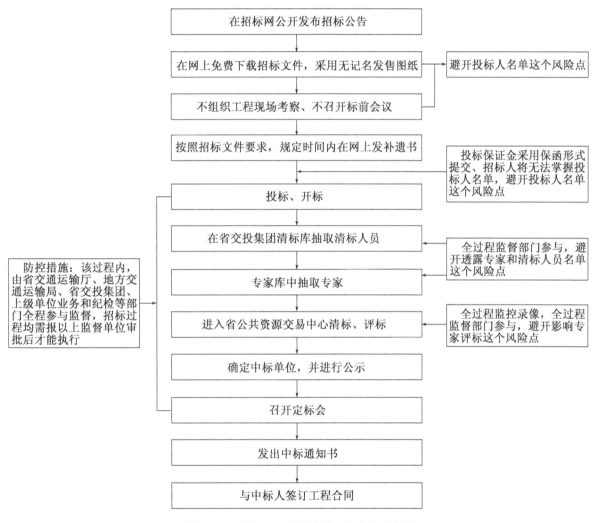

图 7-1 雅康高速公路招投标工作流程示意图

7.2 招标

7.2.1 应成立招投标工作委员会,负责招投标工作的领导和管理工作。招投标工作委员会下设招投标工作委员会办公室,负责招投标工作的具体组织实施。

7.2.2 项目工程均实行公开招标,招标组织形式采用委托招标,招标方式采用资格后审,与中标单位签订合同协议并实施监理制度,严格把控招标程序,规范招标行为。

7.2.3 应严格履行基本建设程序,按初步设计批复文件组织编制招标文件。合理划分标段、统筹安排工期。针对性地提出关于类似工程业绩、关键设备要求、项目主要人员要求等条件,并将有关信用奖惩措施等规定载入招标文件。

7.2.4 应组织招标文件审查会,上级主管部门及专家组成员参加。按照审查意见及时修改招标文件,并按照程序对招标文件进行核备,同时组织专业技术人员对招标文件、技术规范、图纸和清单进行复核,确保规模、造价受控。

7.2.5 按照"统一招标、分段实施、方便管理、有利加快"的基本原则,严格遵照上级主管部门有关程序,积极跟踪招标实施计划和招标文件、招标估算价的评审和报备工作。

7.2.6 招标实施计划/方案、招标文件(含招标限价)、定标、重大补遗事项应由项目公司履行"三重一大"程序集体研究决定。

7.2.7 招标文件经四川省交通运输厅备案后,方可用于招标活动。招标工作结束后,招标工作报告及合同签订情况应及时报四川省交通运输厅核备。

7.3 开标、评标和中标

7.3.1 应按照招标文件规定的时间、地点及方式组织开标,邀请所有投标人参加。投标人少于 3 个的不得开标,投标文件应当场退还给投标人,项目公司应当重新招标。

7.3.2 应向评标委员会提供评标所必需的信息,但不得明示或者暗示其倾向或者排斥特定投标人。评标所必需的信息主要包括招标文件、招标文件补遗书、开标记录、投标文件。

7.3.3 自收到评标报告之日起 3 日内,应在负责该工程建设项目招标行政监督的交通运输行政主管部门政府网站和公共资源交易信息发布网站上公示中标候选人及评标报告有关信息,公示期不得少于 3 个工作日。

7.3.4 自确定中标人之日起 15 日内,应将招标投标情况的书面报告报具体负责行政监督该工程建设项目的交通运输行政主管部门备案。

7.3.5 自中标通知书发出之日起 30 日内,应按照招标文件和中标人的投标文件与中标人订立书面合同,确定履约人员和投入的设施设备,合同的标的、价格、质量、安全、履行期限等主要条款应当与上述文件的内容一致。招标人和中标人不得再行订立背离合同实质性内容的其他协议。

7.3.6 对工期较短、工艺简单的工程项目,可采用总价合同激励承包商,对工期长、投资规模大的大型工程,可采用单价合同,合理分担风险,同时制定好相应的费用应急措施。

7.3.7 项目公司最迟应当在中标通知书发出后 5 日内向中标候选人以外的其他投标人退还投标保证金,与中标人签订书面合同后 5 日内向中标人和其他中标候选人退还投标保证金。以现金或者支票形式提交的投标保证金,项目公司应当同时退还投标保证金的银行同期活期存款利息,且退还至投标人的基本账户。

7.4 招标纠纷的处理

7.4.1 在规定时间内对投标人及其他利害关系人在招标过程中提出的异议予以答复,同时做好记录,做出答复前,应暂停招标活动。

7.4.2 对投标人及其他利害关系人提出的诉讼,应积极配合行业主管部门和其他招投标行政监督部门进行调查取证、检验检测及提供必要的材料。并将异议、诉讼等处理情况按有关规定报送行业主管部门。

8 项目准备阶段管理

8.1 一般规定

8.1.1 应制定和健全技术核定与设计变更、技术交底和技术复核等各项规章制度,组织好施工前的技术培训工作,保证施工过程的连续性、平行性、协调性和均衡性。

8.1.2 应严格进行图纸会审。坚持先大后小、先重点后一般的根本原则。检查设计是否符合有关技术标准的规定,图纸及设计说明是否完整、齐全、清楚。施工图纸是否有特殊要求,施工装备条件能否满足设计要求,如需要采用非常规的施工技术措施时,技术上有无困难,能否保证施工平安。

8.1.3 根据项目规模、复杂程度、施工难度等情况,加强施工技术交底,做好施工方案特别是重大工程的专项施工方案的优化审核工作,确保施工质量和安全生产。

8.2 会议及交底

8.2.1 应在参建单位进场后、第一次工地会议前,组织召开第一次建设管理会议,将项目管理的总体目标、总体计划、管理举措、项目征拆情况及投资情况向各方进行明确,确立建设管理机制。

8.2.2 应派代表参加第一次工地会议。

8.2.3 在施工单位进场后,项目公司应尽快组织设计单位、监理单位、施工单位对控制测量桩、路线控制桩及必要的标志桩等进行交接,并督促开展复测工作。

8.2.4 工程开工前,项目公司应组织对各参建单位的项目经理、项目总工等进行施工技术规范、合同管理和设计等主要内容的培训并组织设计交底。项目公司要根据工程施工特点、规模,督促监理认真审查施工单位的实施性施工组织设计。

8.2.5 在办理完工程质量监督和安全监督手续后并在工程施工前,由项目公司组织监督交底。

8.2.6 应积极沟通、友好协商,严格执行联席会议制度和工作协议,将定期会商制度形成文件及时下发给参建单位。加大施工协调力度,为施工提供优良环境保障。

8.3 管理工作

8.3.1 施工单位管理

1 现场机构及人员

(1)应督促施工单位按照合同约定成立现场项目管理机构;

(2)应按照合同约定核查进场人员的身份证明、资格证书、职称证书和工作经历等材料,对不符合要求的人员,应要求施工单位予以更换;

(3)核查通过后,项目公司应及时批复同意施工单位进场。

2 施工机具设备

(1)应督促监理单位按合同约定审核施工单位主要机具设备的进出场计划,并进行审批;

(2)应按照进出场计划督促监理单位对进场机具设备进行验收,对施工主要机具设备的数量、规格、型号等进行核查,对其使用完好率进行监督。

3 工地试验室

应督促监理单位按照合同约定核查施工单位的工地试验室条件、试验设备,督促施工单位按照质量监督部门的要求通过工地试验室的考核。

4 临建设施

(1)应督促监理单位审核施工单位的临时设施布置图,明确临时驻地、临时便道便桥、施工场地的布置;

(2)应督促监理单位按照标准化要求审查施工单位临建设施的实施方案,项目公司批准;

（3）应督促并参与监理单位组织成立的验收小组,负责临建设施的验收工作。

8.3.2 监理单位管理

1 现场机构及人员

（1）应督促监理单位按照合同约定成立现场监理机构及相关人员进场；

（2）应按照合同约定核查进场人员的身份证明、资格证书、职称证书和工作经历等材料,对不符合要求的人员,应要求监理单位予以更换；

（3）核查通过后,项目公司应及时批复同意监理机构及相关人员进场。

2 办公及生活设施

应审查监理单位是否按合同约定和工作需要配备足够的办公设备、车辆、通信设备及相关生活设施等。

3 工地试验室

应督促监理单位按照合同约定建立监理工地试验室,审查监理试验室的试验检测能力和条件、试验检测设备、管理制度。审查通过后应督促监理单位按照规定向质量监督机构备案。

4 监理工作体系

应按照合同文件及监理大纲,检查现场监理机构的管理组织框架、岗位职责、管理制度及专项管理实施计划。检查通过后应及时批复监理工作大纲。

5 工作划分

工程开工前,项目公司应收集经监理单位审批的分项、分部、单位工程划分清单。

8.3.3 设计单位管理

1 现场机构及人员

应督促勘察设计单位按合同约定按时成立设计代表组,按照合同对现场设计代表组进行核查,并对设计代表组的服务工作进行监督管理。

2 设计工作

（1）应根据需要组织勘察设计、施工、监理等单位对设计与现场条件的协调性、适应性、符合性进行核查,要求设计单位及时补充完善相关设计内容；

（2）分批招标的或施工工期较长的项目,项目公司宜组织勘察设计单位对分阶段提交的设计文件进行完善；

（3）应督促设计单位按照设计合同要求按时派现场设计代表,按照合同对现场设计

代表进行核查,并对设计代表组的服务工作进行监督管理。要求设计单位认真负责做好技术交底工作;

(4)实施"动态设计、动态施工、动态咨询、动态计量"机制,确保设计代表的数量及现场设计服务质量,合理确定技术方案,及时处理现场技术问题,确保加快建设、动态设计的工作要求落实到位。

8.4 协调工作

8.4.1 应备齐项目选址、资源利用、环境保护等方面的批准文件,协商并取得原料、燃料、水、电等供应及运输等方面的协议文件。

8.4.2 应参与开工条件的验收。

8.4.3 督促监理单位及时办理开工令,并进行备案。

8.5 手续申报

8.5.1 在项目施工图设计文件批复、施工单位进场、项目开工各项准备工作完成后,项目公司按有关规定申请办理工程质量监督。

8.5.2 在项目施工图设计文件批复,参建单位管理机构、管理体系、相关管理制度及各项准备工作完成后,项目公司应按有关规定申请办理工程安全监督。

8.5.3 在项目施工图设计文件批复,施工和监理单位确定,建设用地批复,工程质量、安全监督手续办理,项目建设资金落实及项目管理制度制定后,项目公司应按有关规定向行业主管部门申请办理工程施工许可。

8.5.4 根据项目实际,项目公司根据有关规定,向相关行业管理部门办理夜间施工、涉河、涉堤、港口岸线、临跨(拦)航道建筑物、穿越铁路、电力、燃(油)气管线、林地及其他施工许可。

8.5.5 当准备阶段工作完毕后,项目公司应及时向项目主管部门提出书面开工申请报告。项目主管部门经审查和考查,落实有关报告内容后进行批复。

9 质量管理

9.1 一般规定

9.1.1 应围绕质量目标,坚持质量第一、预防为主,以人控制为核心,进行全方位控制,逐层签订质量责任书,全面推行工程质量责任制。

9.1.2 应整合项目人才技术资源,组建专业技术小组,以技术培训与咨询、重大方案审查及重要现场问题处理等方式开展工作。

9.1.3 应结合混凝土集中生产、材料集中堆放、钢筋集中加工和梁板集中预制"四个集中"机制、标准化建场、规范化备料、程序化交验和专业化施工"四化建设"机制,规范管理行为。

9.1.4 加快现场变更设计进度,变更设计方案取得咨询、审查同意后,设计单位分期分部动态提供设计变更图,保障工程现场施工需要。组织设计代表、专家和专业技术咨询单位定期现场检查咨询,适时召开质量管控会议。

9.1.5 加强重要工点视频监控管理工作和试验数据实时上传系统管理工作,实现定量信息化管控。

9.1.6 组织检测单位或第三方咨询单位及时完成专项监控量测工作,对结果进行分析评价。

9.1.7 开展专项活动,考核中设置专项指标,采取正向激励措施,督促参建单位强化内控高标准。

9.2 质量管理体系

9.2.1 应根据项目特点制定项目质量管理专项计划及相关规定,明确高速公路建设项目工程质量目标,建立项目质量管理机构,配备符合要求的管理人员,明确各岗位人员要求,落实质量责任登记制度,落实质量管理工作,健全质量管理体系。

9.2.2 应成立项目质量领导小组,负责组织项目质量管理工作,督促各参建单位建立健全质量保证体系并确保正常运转,认真执行年度、半年度、季度工程质量检查制度,并接受政府主管部门的监督,确保建设质量全过程受控,实现项目整体质量目标。

9.2.3 项目公司对工程质量承担首要责任,勘察设计单位承担工程勘察设计质量主体责任,施工单位承担工程施工质量主体责任,监理咨询单位、试验检测单位和其他参建单位按照有关规定和合同约定承担相应的质量责任。

9.3 重大专项技术方案

9.3.1 对地质复杂或结构特殊的桥梁、隧道、高边坡等,项目公司应要求施工单位制定重大专项施工技术方案,宜对重大专项技术方案组织专家会审,并加强技术方案落实情况等检查。

9.4 质量检查与验收

9.4.1 应根据项目特点、质量目标要求,建立以下工程质量检查考核制度:
(1)开工前检查制度;
(2)原材料、半成品、成品及设备的检验制度;
(3)班组自检制度;
(4)施工过程中的工序报检及验收制度;
(5)隐蔽工程和中间交工验收制度;
(6)监理工程师检查签认制度;

(7)年度、季度、月度等定期或不定期检查制度。

9.4.2 应组织定期和不定期的工程质量检查,建立工程质量报告制度。对在项目工程质量中做出显著成绩和突出贡献的单位和个人给予表彰,对违反质量管理办法的单位和个人给予处理。

9.4.3 应采取内、外业并重的原则,定期或不定期检查各有关单位的质量控制机构、人员素质、关键岗位人员出勤、检测设备、工序控制、材料试验、工艺流程、计量支付、内业的规范性和准确性等情况,督促各单位质量保证体系健康运作。

9.4.4 应建立通畅的信息沟通渠道,将质量管理工作中的各种信息及时反馈给相关单位和部门,对质量问题持续跟进整改。实行工程质量举报制度,任何单位和个人对工程建设中违反国家法律、法规的行为以及工程质量事故和质量缺陷有权向质量领导小组、交通主管部门或质量监督机构检举和投诉。

9.5 质量事故与缺陷处理

9.5.1 应成立质量事故应急处理小组,制定应急预案,配合做好事故调查与处理工作。

9.5.2 发生质量事故时,项目公司应按规定及时向有关部门报告,并做好事故的应急处理和现场保护工作。

9.5.3 项目公司应按规定做好或配合做好质量事故的调查与处理工作。

9.5.4 参建单位或参建人员在公路建设中违反国家法律、法规,或未执行工程建设强制性标准、技术规范及规程,降低工程质量标准的,应依法追究其责任,由此产生的费用由责任单位承担。

9.5.5 项目公司应牵头落实行业主管部门和质量监督机构对项目的质量监督检查结果中提出的整改意见,并在检查整改结果后,在规定时间内给予书面反馈。

10 进度管理

10.1 一般规定

10.1.1 应建立项目进度管理制度,明确进度管理程序,规定进度管理职责和工作要求。

10.1.2 工程进度控制应在确保安全文明施工及工程质量的前提下统筹兼顾、服务大局、采取先进的施工工艺和科学的管理手段动态控制。

10.1.3 应根据"同步安排、并联推进、交叉作业、无缝衔接"要求,实施合同工期、年度计划、月度要点、每日统计四张表格机制。

10.1.4 应加强现场管理,定期组织相关部门召开专题会议、建设推进会,业主代表与监理工程师合署办公,组织设计代表及时解决现场技术问题。

10.1.5 应结合项目特色开展劳动竞赛,专项劳动竞赛,发挥先进的示范引领作用,正向激励,反向处理,全面激发广大参建职工的建设热情。

10.2 进度计划

10.2.1 进度计划的编制以工程量现清单为基础,工程量和工作量相对应,总体进度与合同工期相符合,形象进度指标与施工组织方案相衔接,并充分考虑项目的技术特点和季节特点,人员、机械设备、材料供应计划应与工程建设计划相匹配。

10.2.2 应根据项目总体工期要求,制定总体计划、年度计划、季度计划和月度计划,并根据关键性节点下达进度计划目标,跟踪检查计划执行情况。

10.2.3 应要求施工单位编制本合同段施工进度计划,统筹调配资源。

10.2.4 应组织对项目总体进度计划和实施性施工组织计划进行专项审查,按程序审批实施性施工组织计划。

10.2.5 应督促监理单位按照项目年度计划及各施工标段的总体计划审批标段的年度计划。

10.3 进度执行

10.3.1 应在合同文件中载明工期目标和进度管理措施,组织参建单位进行计划任务交底。

10.3.2 应将进度计划中的关键线路和重要节点作为进度控制重点,采用完成投资和形象进度双指标对进度计划进行过程控制。

10.3.3 坚持"四张表格"制度。

10.3.4 应组织业主代表处、监理工程师组成开工前检查组,对人员、机械到位情况,开工准备情况进行全面检查。对主要人员要核对身份证、学历、经历、专业技术职称等证明文件;对机械设备要现场清点数量,核对规格、型号、新旧程度、进场时间,逐一列表登记。

10.3.5 应定期或不定期检查工程实际进度和资源配置情况,同时建立台账、统计表和施工动态控制图。业主代表处、工程部应经常深入现场对照工作要点检查工作进度。

10.3.6 应定期组织劳动竞赛和专项考评等活动,按合同约定对进度计划执行情况进行考核奖罚,将信用评价与考评结果挂钩。

10.4 进度调整

10.4.1 应会同或督促监理单位对各标段施工进度计划进行检查,当工程进度与计划出现偏差时,项目公司应督促有关参建单位采取有关措施实施纠偏。

10.4.2 当工程进度与计划发生重大偏差时,项目公司应及时召开建设管理会议,对进度偏差原因进行分析和论证,并向上级主管部门及时报告,如有必要,应对计划进行调整。

10.4.3 当进度发生严重滞后时,应对有责任的参建单位根据合同追究违约责任。

11 安全管理

11.1 一般要求

11.1.1 项目安全生产管理工作实行管行业必须管安全、管业务必须管安全、管生产经营必须管安全。明确各方面的安全生产责任,建立完善的责任体系和安全考核制度。

11.1.2 项目应建立健全安全风险评估及风险辨识和隐患排查治理机制、安全风险分级管控机制、重大事故隐患排查及报告制度。

11.1.3 项目公司负责指导、协调本项目安全生产管理工作;业主代表处负责所辖标段施工现场安全生产有关工作的具体督促落实,并对所辖标段监理单位的安全监理工作进行督促检查;设计单位承担主体工程所需安全措施同步设计的有关责任;监理单位按照监理规范与合同的要求承担所辖标段安全生产的监理责任;施工单位承担安全生产的主体责任,并负责其标段各项安全生产措施的具体落实。

11.1.4 应督促设计单位和设计人员依据合同做好安全技术交底和后续服务工作。

11.1.5 高速公路建设项目安全设施必须与主体工程同时设计、同时施工、同时投入生产和使用。设计单位应对安全设施的设计质量负责。

11.1.6 应加强对施工和运营阶段各类突发事件的应急处置措施的研究。

11.1.7 应监督参建单位依据法律、法规、规章和工程建设强制性标准要求,为参建人员提供安全生产条件。应监督参建单位依法办理工伤保险,缴纳保险费,鼓励参建单位投保安全生产责任保险和意外伤害保险。

11.1.8 应建立智慧化施工系统和检测体系,结合沿线地质灾害排查情况,安装北斗高精度地灾监测预警系统。

11.2 安全管理体系

11.2.1 项目公司应建立健全安全管理体系,落实参建单位的主体责任,制定安全生产责任制度和创建平安工地实施方案,建立项目安全生产管理机构,配备安全生产专职人员,建立安全培训机制,落实安全管理专项计划。

11.2.2 项目安全生产管理实行行政领导负责制。项目公司应牵头组建高速公路建设项目安全生产领导机构,各参建单位应建立以行政一把手为组长的安全生产管理领导小组,成立相应的安全生产机构,健全"纵向到底、横向到边"的安全生产工作责任体系。

11.2.3 项目公司应认真贯彻执行国家有关安全生产方针、政策、法律、法规及上级部门有关文件精神,督促各参建单位应严格执行安全生产责任制,分层签订《安全生产合同》《安全生产目标责任书》,指导、检查、督促相关单位落实生产各项措施。

11.2.4 项目公司应组织制定本项目的安全生产管理办法和安全生产规章制度;制定项目安全生产规划、年度和季度工作计划,经审定后组织实施和检查考核。

11.2.5 项目公司应针对项目特点,制订项目生产安全事故、三防、突发事件等应急预案,组织参建单位制定各标段的相关应急预案,定期组织安全生产教育和演练总结,及时修订应急预案,确保应急预案的切实可行。

11.2.6 项目公司应围绕安全管理专项计划、平安工地建设,建立健全安全、平安工地检查制度和相应信息的收集和报送系统。

11.2.7 应按国家规定的范围列支安全生产费用,按合同规定进行计量、审核及支付,并监督落实安全生产费用合规使用。

11.3 重大危险源管理

11.3.1 应组织设计代表、监理单位、施工单位对各标段的重大危险源进行识别,建立项目重大危险源名录,并报安全监督机构备案。

11.3.2 应根据工程进展和现场实际情况,对项目重大危险源名录及时进行动态调整。

11.3.3 应加强项目重大危险源的监控和管理,督促各参建单位定期开展监测、评估和防范方案制定等工作。

11.4 安全专项方案

11.4.1 应组织监理、施工等单位确认项目危险性较大分部分项工程清单,并明确需要在开工前进行专家论证的危险性较大的分部分项工程。

11.4.2 应在监理单位审核的基础上,对危险性较大工程清单进行审查备案。

11.4.3 应督促施工单位按照行业规定编制、论证及组织实施危险性较大工程等专项安全施工方案,督促监理单位对实施情况进行检查。

11.5 安全检查与培训

11.5.1 项目公司开展季度性综合检查,业主代表处按月开展对安全检查。对重大危险源和危险性较大工程应加大巡查力度。

11.5.2 应建立健全安全费用使用管理制度,负责监督安全生产费用的合理使用,对施工单位的安全生产费用使用情况进行检查,及时审核并支付施工安全专项经费。

11.5.3 应负责安全生产管理内业资料的整理、归档,建立安全管理台账,及时、完整、准确做好记录,及时督促参建单位上报安全生产信息,定期向项目安全监督机构和安监部门报送项目生产安全状况。

11.5.4 应组织开展安全生产教育培训,组织制定项目安全生产应急预案,组织建立应急救援队伍,督促各参建单位建立适合本项目的应急救援体系、储备应急物资和应急力量,配备必要的应急救援器材和设备,定期组织演练。

11.6 安全事故处理

11.6.1 发生安全事故后,项目公司应立即启动安全事故应急预案,同时按照预案及上级部署开展救援等工作。

11.6.2 应按规定配合做好安全事故的调查与处理工作。

11.6.3 应严格执行重特大事故行政责任追究制度,参与建设项目范围内生产安全事故的调查处理,组织项目安全事故的调查分析,并提出处理意见。

11.7 安全生产与奖罚

11.7.1 应建立安全生产奖罚制度,对在安全生产中成绩显著的单位和个人,给予精神和物质奖励,对违法违规操作的行为和单位予以惩处。

11.7.2 应督促各施工单位定制安全奖惩制度,对违法违规操作的行为和单位予以惩处。

11.7.3 应将安全生产管理工作纳入劳动竞赛综合考评和信用等级初评中,建议上级和省交通运输主管部门对发生重特大安全事故的施工单位及所涉及的参建单位的信用评价等级进行相应处理。

12 合同管理

12.1 一般规定

12.1.1 应建立以项目法人为核心的合同管理体系,设置合同管理机构,建立合同管理目标、合同管理手段、合同管理制度及合同协作联系机制。

12.1.2 应建立项目信用评价工作机制,对参建单位建立企业信用管理台账,按要求组织对参建单位进行信用评价,建立奖惩制度,并将评价结果报交通运输主管部门。

12.1.3 应要求参建单位严格履行合同义务和责任,不得进行转让、转包及违法分包。

12.1.4 应建立合同考评机制,将工程质量与企业信誉、市场准入挂钩,形成有效约束机制。不定期组织履约检查,每季度及半年对全线参建单位进行综合考评,对履约情况较好及较差的单位分别进行奖励和处罚。对因违法违规行为造成重大质量事故的参建单位及相关负责人,采取通报、约谈、挂牌督办、重点监管、列入"黑名单"等方式。

12.1.5 项目应建立农民工工资保障及预防拖欠机制,项目公司应监督施工单位和劳务分包单位按时、足额支付农民工工资。

12.1.6 对变更方案进行业主代表、设计代表、监理代表、施工单位代表现场四方会审;对技术复杂,工程投资影响较大的变更,委托专业咨询机构进行现场技术咨询和设计方案会审并按程序进行批报工作。组织专家对设计变更方案进行审查。

12.2 合同订立

12.2.1 应依据国家和交通运输主管部门颁布的范本,结合实际制定的项目专用合同文本,并在招标文件中载明。

12.2.2 合同协议书签订前,项目公司应与中标单位就合同文件进行合同谈判,相关内容作为合同协议书的组成部分,不得订立背离招标文件实质性内容的其他协议。

12.2.3 合同协议书签订前,项目公司应要求中标单位按照招标文件的要求提供履约担保。

12.2.4 签订合同协议书时,应同时签订廉政合同、安全生产合同及资金监管协议等。

12.3 合同履行

12.3.1 应建立履约考核机制,定期或不定期地进行合同执行情况检查,对违约行为进行责任追究,并将履约情况纳入市场信用评价。

12.3.2 应将合同管理资料、文件及时进行整理,按档案管理办法立卷建档,妥善保管,并指导、督促、检查承包人的合同档案管理工件。

12.4 合同变更

12.4.1 应严格执行交通运输主管部门颁发的有关规定和项目变更管理制度,按照项目变更的分类标准、审批流程、审批权限,实施变更工作。

12.4.2 应根据有关规定,及时审批或报批变更设计方案。未经批准的设计变更不得组织实施。

12.4.3 应建立设计变更管理台账,并定期上报行业主管部门。

12.5 合同索赔

12.5.1 应随时关注项目建设情况,及时解决协调项目建设过程中的问题,防止索赔事件的发生。

12.5.2 索赔事件一旦发生,项目公司应督促受损单位控制损失的扩大,督促监理做好专项记录。

12.5.3 应及时收集和准备有关证明材料,审查索赔事件,确定是否批准索赔事件。

12.6 合同解除与争议解决

12.6.1 合同符合法定或约定条件需要解除时,可按法律规定解除。

12.6.2 合同产生争议时,可按下列方式解决:
(1)双方友好协商;
(2)第三方调解;
(3)按合同约定申请仲裁或提请人民法院诉讼。

13 费用管理

13.1 一般规定

13.1.1 应按照经济合理、厉行节约的原则,以批复设计概算和预算为依据,在保证项目工程质量、安全和工期要求的情况下,合理控制工程造价和建设成本。

13.1.2 凡是利用政府财政性资金投资的项目,应按项目专款专用,按批准的工程概算控制使用,不得以任何名义滞留、挪用、转变用途。

13.1.3 项目开工前,项目公司应向有关行政主管部门报送投资计划,并在获批后的投资计划内控制投资开支。不得越权调整投资计划,不得随意压低或提高工程造价。

13.1.4 应建立健全造价及费用管理制度,规范管理程序,履行管理职责。

13.1.5 应按照科学合理、依法依规的原则,对实施性施工组织设计、工程变更、合同外费用补偿、工程索赔、材料价格调整等进行审核或审批。

13.1.6 应通过开工后采取的限额拨付、委托支付、专户监管等有效管理手段,保证项目资金专款专用。

13.1.7 通过积极争取提高国家的资金补助比例、延长收费期限、争取地方征地拆迁优惠政策等方式多渠道解决资金筹措问题,降低财务风险。

13.1.8 应加强资金检查力度,组织工程造价控制检查,并配合政府造价管理部门监督检查,并安排专人不定期对工程建设资金和征地拆迁资金进行检查,加强对各单位资金使用的监管,督促各单位及时兑付民工工资、材料款和临时征地使用费。

13.2 投资计划

13.2.1 应根据交通运输部和国家发改委的要求编制投资计划,按项目管理权限报相应部门备案批准。

13.2.2 根据批准的项目投资计划,报年度投资使用计划,并获得批准。

13.2.3 执行并跟踪检查批准的年度投资使用计划,根据实际情况调整年度投资使用计划,并将有关情况报告上级有关部门。

13.2.4 应加强项目投资计划执行情况的监督,发现投资计划的执行出现问题或偏差,应及时纠正或处理。

13.3 工程计量

13.3.1 应按合同文件建立计量管理办法,明确计量程序和相应的计量细则、计量数量的计算与确认、计量报表格式等相关要求。

13.3.2 当计量数量需采用现场确认时,项目公司应制定现场数量确认操作办法,明确现场确认的范围及要求。现场数量确认应由项目公司、监理单位、施工单位四方共同参与,同时采集的基础数据和证明材料应当场签认。

13.3.3 应加强工程变更计量支付的管理,依据相关合同条款制定有关工程变更的工程量、单价、计价操作的规定办法,严格审核变更。按审核认可的变更工程价款办理工程变更计量支付。

13.3.4 应建立项目计量台账,依据施工图设计文件、技术规范、工程量清单计量规则及现场地形复测资料等,对项目计量工作进行动态管理,防止超计、漏计和误计。

13.3.5 应按照合同约定期限审核和签发计量支付文件,并逐级审申报、审核,如实反映工程完成情况,未完工或不合格工程不得计量。

13.3.6 工程结算工作应与工程计量支付工作同步开展,并同步完成。

13.4 费用支付

13.4.1 应在项目开工前,督促施工单位按照合同约定开设三方监管账户,并对账户进行监管。

13.4.2 应督促施工单位专款专用,按照合同约定的资金管理协议规定进行审批,并检查施工单位的资金使用情况。

13.4.3 应规范费用支付程序,做好高速公路建设项目支出预算、控制、核算、考核及内部审计工作,费用支付应合法合规。

13.5 过程审计

13.5.1 应按规定进行内部审计,配合国家、行业主管部门开展审计工作,对审计提出的问题进行整改,确保高速公路建设项目投资合理。

13.5.2 应根据有关规定选择跟踪审计单位。与审计单位签订书面合同,明确双方的权利和义务。

13.5.3 应为跟踪审计单位提供工作条件,并帮助协调跟踪审计过程中的有关问题。

13.6 民工工资管理

13.6.1 应按规有关规定,督促施工单位办理劳务人员工资保证金缴纳工作。

13.6.2 应按定期对施工单位劳务人员工资支付情况进行抽查,对发放不及时、不规范的情况,及时督促整改。

13.6.3 当发生拖欠劳务人员工资事件时,项目公司应按劳动保障部门和行业主管部门的要求做好处理工作。如发生群体性事件,应及时将有关情况书面报告给相关部门。

14 档案及信用管理

14.1 档案管理

14.1.1 应加强对项目全寿命周期档案管理工作,负责组织、协调和指导设计单位、施工单位和监理单位等的项目竣工文件编制和项目档案整理,制定项目建设过程中归档移交计划,并实施动态管理。

14.1.2 项目建设档案的管理,应纳入工作目标考核、有关部门的职责范围内,各单位、各部门应由专人负责组织人员进行平时资料的收集整理和竣工文件的编制工作,并有相应的检查、考核措施。

14.1.3 应按照有关规定建立符合标准要求的临时档案管理室,档案材料要集中统一保存、安全保密、方便查找利用,做到通风、照明良好、防潮、防火、防盗、防尘、防高温等措施。并应加强档案安全管理工作,借阅档案应严格执行保密要求,确保档案资料安全。

14.1.4 应配备有相关工程专业知识,具备项目文件立卷归档工作能力的专职档案管理人员。

14.1.5 应对各参建单位的档案管理情况进行定期或不定期的抽查,对档案资料的完整性、准确性和系统性进行检查。

14.1.6 在劳动竞赛考评中,把竣工档案等作为一项重要指标量化考评。

14.1.7 项目竣工验收前,参建单位应完成档案立卷归档及自查合格后,项目公司提出验收申请,项目档案专项验收应在项目竣工验收 3 个月前完成。项目交工验收前 1 个月内,项目公司、交通主管部门档案管理机构组织设计、施工、监理等对有关竣工文件整理立卷工作进行预验收,并提出预验收报告。项目档案验收合格后,在项目正式通过竣工验收后3个月内,项目公司向主管部门和生产单位及其他有关单位办理档案移交手续,档案移交的内容、案卷数、图纸份数等按规定办理,并有完备的清点、签字等交接手续。

14.2 信息化管理

14.2.1 项目公司宜开发和使用项目信息化管理系统,通过信息化手段提高项目建设管理水平。

14.2.2 项目公司应建立视频监控系统,动态掌握重要部位工程现场的质量、安全情况及施工组织情况。

14.2.3 项目公司应在招标文件中明确项目信息化建设标准,参建单位应依据合同约定开展信息化建设。

14.2.4 项目信息管理宜进行信息安全风险评估,对信息的处理、传输、存储和执行过程中的保密性、有效性、完整性、可靠性等方面进行科学评价。

14.3 信用评价

14.3.1 项目公司应根据《四川省公路建设市场信用等级管理办法》的有关要求,对参建单位、人员的履约情况和工作业绩做出科学、实事求是地评价,进行信用等级评定并及时上报,确保信用评价结果的及时、真实、客观和公正。

14.3.2 项目公司应建立信用动态管理台账,制定专人负责信用动态管理台账,及时将信息录入信用评价管理系统。

15 生态环境保护

15.1 一般规定

15.1.1 应根据项目基本情况,树立环境保护理念,建立健全环境保护管理机构、环境保护管理制度,落实环境保护评估报告措施及专项资金。

15.1.2 应严格按国家和地方政府有关规定加强环境保护、水土保持和节能减排等工作,防止水土污染和空气污染,控制施工噪声,加快推进绿色公路建设。

15.1.3 应按照建设环境友好型、资源节约型公路的要求,以"双碳"为目标,通过加大新技术、新工艺、新材料、新理念的推广应用,加快项目向低碳化、绿色化、智能化转型,把保护生态和环境、节约和集约用地、节能减排等工作落实到位。

15.1.4 应加强各参建单位环境保护意识,强化环保措施,组建环保、水保领导小组,建立环水保管理体系,制定管理体系和管理制度,职责到人。

15.1.5 应加强环境保护和水土保持工作的策划、部署、实施和检查,建立健全环保水保工作报告制度。

15.1.6 项目应严格落实生态环境保护要求,加强对生态脆弱区域的环境监测和生态修复,降低公路建设对陆域、水生动植物及其生存环境的影响。

15.1.7 应严格执行生态环境保护设施与主体工程"同时设计、同时施工、同时投产使用"的"三同时"制度。

15.1.8 应严格执行施工阶段环保费用的清单管理。

15.1.9 应组织参建人员学习环水保法律法规,邀请行业专家讲座,不断提高环水保意识。

15.2 耕地保护

15.2.1 项目应符合土地利用总体规划或国土空间规划要求,合理确定主体工程及附属工程的规模,严格落实各项生态保护及恢复、补偿措施。进一步优化设计方案及施工工艺,优化临时工程选址,尽量缩小施工作业带宽度,尽可能减少临时占地,严禁在敏感区内和征地范围以外设置施工场地、施工营地、取料场、弃渣场、施工便道等。重大项目确需占用永久基本农田的,应提出补划方案,并充分论证,通过报批。耕地占用应符合国家耕地占补平衡政策。

15.2.2 项目勘察设计应坚持土地资源合理利用与保护,合理运用路线平纵指标,避免高填深挖,合理设置支挡防护,减少占地。

15.2.3 项目施工应控制在征地红线范围内进行,严格按设计规定的征地范围用地,尽最大可能保护红线外施工地表植被、土地和周边生态环境。施工临时用地规划、布置及生活区的环境保护符合相关要求。

15.2.4 在施工场地开挖和弃渣场堆渣前,因地制宜进行处理。

15.3 绿色公路

15.3.1 应确定以资源节约、生态环保、节能高效、服务提升为主要特征的绿色公路,制定实施方案和专项考核办法。

15.3.2 项目勘察设计应坚持地形、地质、生态、环保选线,采用绿色生态环保技术、节能技术,使用清洁能源、节能降耗产品,注重就地取材,推广废旧材料再生循环利用。

15.3.3 项目应编制绿色施工组织设计，合理安排工序，提高设备使用效率，降低施工能耗。应控制生产、生活活动对周边环境的影响，采取有效措施控制扬尘、噪声，废水、废气应达标排放，做好固废、危废贮存及处置工作。

15.3.4 项目场站、便道、便桥、用电、用水等临建工程宜按永临结合的理念统筹安排，并做好临时用地、取弃土场的生态恢复。

15.4 环境保护

15.4.1 应严格落实环保设计合同，编制环境保护措施总体设计方案，同步开展招标设计和技术施工设计，将环保措施纳入招标、施工承包合同之中。

15.4.2 应严格审查施工单位的环保、水保方案，对路径经过生态脆弱地区与自然保护区的应有独立的环保方案，且应报项目公司组织专家评审，审查批准后方可开工。

15.4.3 应对施工单位的环境保护措施进行检查，审查施工单位制定的环境污染应急预案，并定期组织演练。

15.4.4 应组织监理等有关单位加强施工期环境保护的监理、监测工作，督促施工单位落实环境保护要求，及时整改发现的问题。

15.4.5 应履行竣工环境保护主体责任，组织开展环境监测和竣工环境保护验收调查，编制验收监测(调查)报告，并按规定进行环境保护验收。

15.4.6 项目公司宜建立公众信息沟通与反馈机制，及时公开生态环境保护设施的试运营及验收情况，并按相关规定在信息平台备案，同时向行政主管部门提交"三同时"执行报告和相关信息公开证明。

15.5 文化建设和旅游服务设施

15.5.1 项目公司应结合民族特色、地域文化特点和交通旅游要求，提出公路文化主题,对结构物赋予地域文化和企业文化元素,满足安全使用工程的同时拓展景观功能,传承悠久历史、灿烂文化,弘扬"两路"精神。

15.5.2 项目公司应按照尊重自然、顺应自然、融入自然的原则,将自然景观、文化元素、高速公路的现代元素有机结合,力争有所创新、有所突破,使高速公路整体环境舒适宜人,与自然协调,地域生态和文化景观明显,成为生态、旅游、环保、景观大道。

15.5.3 由专业团队或公司作为开发主体,整合可利用的资源,打破现状,探索新型模式,把握项目重点产品,创造核心竞争力,打造特色鲜明品牌,形成产业链和产品链,着力推进交通与旅游融合发展的新业态。

15.5.4 通过资源主导性、市场导向、整体与个性化原则对项目进行主题形象定位,并以全面性、网络化、多样化原则进行适度推广,以达到"交通+旅游"的实用效益。主题形象推广策略为:以智慧旅游为重要支点,从品牌塑造、品牌宣传等方面,通过交通网站、旅游网站、广告发布等途径进行主题形象的发展。

15.5.5 加强与政府文旅部门和宣传部门的合作,充分发挥雅康高速公路的文旅价值和育人功能,更好履行公司的社会责任贡献。

16 科研管理

16.1 一般规定

16.1.1 按照一个目标(安全)、两个出发点(高速公路基础设施和人车运营环境)、三个层面(专题研究、成果应用、研究试验)、四个方面(防灾减灾、安全畅通、经济节能、重大工程)立项科研课题。

16.1.2 应加强项目科研管理,明确项目负责人,制定科研管理办法,采取工程管理模式组织重大项目攻关,建立研究工作组和咨询专家组,建立信息报送机制,强化项目验收和评价工作。

16.1.3 在建设前期,应针对关键技术及建设需求,通过理念创新、管理创新、技术创新,编制科研总体规划,开展科技攻关,提高建设品质及管理水平。

16.1.4 应每月定期上报各专题研究进度,提高研究成果质量;加快已下达科研专题的招投标流程;积极配合完成雅康高速公路科研项目的结题工作,充分把成果运用到工程建设,积极推广运用科技成果。

16.1.5 应协调科研成果在工程中的应用及设计变更等手续。

16.1.6 应依托工程建设实际,加强交通人才队伍建设,培养工程技术及管理人才。

16.2 科研管理

16.2.1 应在工程可行性研究或初步设计阶段,根据行业发展方向,针对工程特点、需求和技术进步要求,提出科研项目立项申请,落实具体研究课题,并按有关规定做好课题研究的立项审批等工作。

16.2.2 应组织项目开展科研工作,及时掌握科研实际进展情况。

16.2.3 应按照合同约定支付研究费用,提供研究环境及条件。

16.2.4 应在课题研究结束后,按有关规定组织评价、验收等工作,并做好相应的推广工作和科研项目归档工作,及时进行科研成果总结登记,积极组织科技成果推广应用、共享及科技奖项申报。

16.2.5 项目应积极使用"新技术、新材料、新工艺、新设备"成果,并对推广情况进行评估。

16.3 教育培训与人才培养

16.3.1 应健全人才培养、发展、评价及激励制度,依托工程建设及关键技术攻关,建立专业化管理队伍。

16.3.2 应以工程需求为导向,加强现代职业教育与职业能力培训,通过岗前培训、在岗培训、脱产培训、业务研修、技能竞赛等形式,改善工程管理人员专业知识结构、提升岗位技能,不断提升人才队伍素质。

16.3.3 通过树立先进典型加强技术人员职业规划指导。

16.3.4 充分发挥科研项目的附加价值,以项目为牵引,加强合作,在政、产、学、研的科研合作中注重人才培育。

17 项目验收阶段管理

17.1 交工验收

17.1.1 交工验收条件

1 合同约定的各项内容已全部完成,各方就合同变更的内容已达成书面一致意见。

2 施工单位按照交通运输部制定的《公路工程质量检验评定标准》(JTG F80/1—2017)及相关规定,对工程质量自检合格。

3 监理单位对工程质量的评定合格。

4 项目公司对施工单位的交工验收申请、监理单位的质量评定资料进行核查,必要时可委托有相应资质的检测机构进行重点抽查检测,对工程交工质量评定合格,并出具工程交工质量评定报告。

5 质量监督机构按交通运输部规定的工程质量检定办法对工程进行检测,必要时可委托有资质的检测机构承担检测任务,并出具检测意见。检测意见中需整改的问题已经处理完毕。

6 竣工文件按《公路建设项目文件材料立卷归档管理办法》等有关规定,完成竣工资料归档范围内的收集、整理及归档工作。

7 施工单位、监理单位已完成本合同段的工作总结。

8 公路工程各合同段符合交工验收条件后,经监理工程师同意,由施工单位向项目法人提出申请,项目公司应及时向相应交通主管部门的质量监督部门申请组织对该合同段进行交工验收。

9 一般情况下建设项目的交工验收只有在所有合同段的施工任务全部完成后进行。

17.1.2 交工验收工作流程

1 项目公司在收到交工验收申请后,及时对其交工验收条件进行核实,具备交工验收条件后,成立交工验收小组,由设计、施工、监理等单位有关人员组成,并邀请相关行业主管部门参加,按相关规定开展交工验收工作。

2 交工验收小组在听取报告、审查资料和实地察看的基础上,对质量监督部门提出的工程质量监督意见和评分进行审议和确定,就是否发放交工证书做出决定。

3 及时组织交工质量评定和交工验收中提出的整改意见。整改过程及结果应形成完整、规范的原始记录等相关资料,并及时归档。

4 整改工作落实后,项目公司应将交工验收报告向行业主管部门备案,并按规定及时做好行业主管部门信息系统有关信息更新工作。

5 交工验收报告通过行业主管部门备案后,项目公司应及时向施工单位、监理单位、设计单位颁发《公路工程交工验收证书》。

6 对若干合同段完工时间相近的,项目公司可合并组织交工验收。对分段通车的项目,项目公司可按合同约定分段组织交工验收。通过交工验收的合同段,项目公司应及时颁发《公路工程交工验收证书》,各合同段全部验收合格后,项目公司应及时完成《公路工程交工验收报告》。

7 交工验收不合格的工程应返工整改,直至合格。交工验收提出的工程质量缺陷等遗留问题,由项目法人责成施工单位限期完成整改。

8 对通过交工验收的工程,应及时安排养护管理。

17.1.3 消防验收

1 工程完成后,应委托有资质的专业单位进行消防工程检测,出具建筑消防设施技术测试报告。

2 在具备消防验收条件后,应按规定向公安消防监督机构提交工程消防验收申请,并配合做好验收工作。通过验收后方可投入使用。

17.2 缺陷责任期

17.2.1 项目公司应督促参建单位及时完成施工阶段遗留下来的问题,对处理情况组织检查。对需要长期观测的工作,应督促参建单位落实人员、经费,做好相关工作,必要时也可委托专业机构具体负责。

17.2.2 项目公司应配合运营、养护单位对项目开展检查。对出现的缺陷,督促由相关部门做好修复工作,并组织相关单位进行验收。如需质量监督机构进行复查的,在缺陷修复完成后,应及时通知质量监督机构。

17.2.3 项目公司组织各参建单位共同完成竣工资料的整理、归档工作,加强竣工档案交流学习,加快推进全线竣工档案电子化工作;加强检查与考核,劳动竞赛考评中把竣工档案等作为一项重要指标量化考评。

17.2.4 缺陷责任期结束前应完成合同变更及索赔审查工作,并按相关规定进行处理。

17.2.5 完成合同变更及索赔的审查工作,并按合同约定的办法进行处理。督促参建单位完成工程决算,配合完成工程决算审计。《工程缺陷责任终止证书》发出后,按规定进行最终支付。

17.2.6 项目公司收到监理单位开具的质保金返还证书后,应依据缺陷责任期最终检查报告、费用追加认定等,按照合同规定,对质保金返还的金额给予批准。若施工单位未完成缺陷修复工作或未履行有关缺陷责任的,应根据合同等规定,扣发对应额度的质保金。

17.3 竣工验收

17.3.1 竣工验收条件

1 通车试运行 2 年以上,项目法人对交工验收阶段所提出的质量缺陷和遗留工程、单项验收工程验收合格。

2 项目公司应组织汇总设计工作报告、施工总结报告、监理工作报告、项目使用情况报告等。

3 项目公司协助跟踪审计单位完成经建设、施工、监理签认的工程造价审核报告;完成各项账务、参与完成工程决算文件、委托审计部门对工程决算文件审计,经交通运输主管部门或其授权单位认定,形成工程决算审计意见,根据审查意见进行修改。

4 项目公司在科技项目完成以后,批准立项部门组织、主持评价部门抽取相应专家对科研项目的立项、组织实施情况、研究成果及最终结论进行评价。

5 竣工文件已完成"公路工程项目文件归档范围"的全部内容。

6 专项验收合格,土地使用手续已办理。

7 质量监督机构对工程质量检测鉴定合格,并行程工程质量鉴定报告。

17.3.2 竣工验收流程

1 项目公司提前完成竣工验收前的准备工作。

2 公路工程符合竣工验收条件后,项目公司应按照公路工程管理权限及时向相关交通运输主管部门提出验收申请,其主要内容包括:交工验收报告;项目执行报告、设计工作报告、施工总结报告和监理工作报告;项目基本建设程序的有关批复文件;档案、环保等单项验收意见;土地使用证或建设用地批复文件;竣工决算的核备意见、审计报告及认定意见。

3 项目公司等单位代表参加竣工验收工作,同时协助竣工验收委员会开展工作但不作为竣工验收委员会成员。竣工验收时选派代表向竣工验收委员会汇报。

4 整个建设项目竣工验收期间质量监督机构进行工程质量检测所需的费用由项目公司承担。

17.3.3 专项验收

1 竣工资料验收

项目公司应组织参建单位完成竣工资料的整理、归档、移交入库等工作。经检查合格后,向档案管理部门申请验收,并配合做好验收工作。

2 环境保护验收

经批复的环境影响评价的项目在开工后,项目公司根据环境影响评价的要求,结合施工图设计情况,组织人员或委托专业人员进行环保验收工作直至国家环保部门验收通过。如果不合格,项目公司应及时对工程加以改进,直至环境指标满足要求。

3 机电、房建验收

项目公司初步验收合格后,经向交通运输主管部门申请,由交通运输主管部门组织专业机构进行验收。

4 水土保持验收

根据经批复的水土保持评价报告,项目公司应委托有资质的单位对项目水土保持设施落实情况和水土保持效果进行检查,完成自查和完善工作,核查验收条件,向审批水土保持方案的水行政主管部门提出验收申请,并配合做好验收工作。

5 土地验收

交工验收完成后,项目公司应指示监理单位、施工单位归还临时用地,并委托有资质的土地勘测单位,开展公路用地勘测定界,在用地勘测定界报告上给予确认,完成或调整公路界桩的埋设。具备验收条件后,向国土部门提出验收申请,并配合做好验收工作。

18 党建管理

18.1 党建管理

18.1.1 项目公司应建立现场管理机构党委、党支部,设立党组织负责人。按照党章规定和党建有关要求,制定科学完善的党建工作制度,包括廉洁从业谈话制度、中心组学习制度、民主生活会制度、"三会一课"制度,严格落实党内政治生活,坚持民主集中制。

18.1.2 项目公司应稳步推进基层党建工作,建立健全基层党组织,积极开展基层党务工作。成立临时党委,对施工方、监理方进行双重管理。

18.1.3 项目公司应紧扣高速公路工程中心任务,开展主题突出的党建活动,将党建与工程建设紧密结合,以劳动竞赛为抓手,实现党建与项目建设、运营、企业文件建设互融互进。

18.1.4 项目公司应坚持四个活动的工作举措,即项目党建"1234工程""奋战藏族聚居地天路、建功雪域高原"劳动竞赛、效能监察、全过程跟踪审计,以党建促工建,确保党建和党风廉政建设同步推进。

18.1.5 项目公司应建立党建管理台账,指定专人负责台账记录工作。

18.2 纪检监察管理

18.2.1 项目公司应按照"统一领导、分级管理"的原则规范项目纪检监察工作,实现对项目纪检监察工作管理的规范化、程序化、制度化。

18.2.2 项目公司应制定各级各类参建人员对廉政行为准则和职业道德规范,做好全体人员对法纪法规教育、职业道德教育和廉政思想教育。

18.2.3 项目公司应做好项目对招投标、征地拆迁基金、质量管理、物资采供、资金使用、设计变更和工程分包等关键环节的监督检查。

18.2.4 项目公司应及时将发现的违法、违纪、违规线索按有关规定进行处理,督促依法管理和廉洁从业。

18.3 党风廉政管理

18.3.1 项目公司应认真落实党风党纪廉政建设责任制,落实"一岗双责",签订党风廉洁建设工作责任书和岗位承诺书,对党风廉洁建设工作实行层级管理。

18.3.2 项目公司应建立党风廉政建设责任制的检查考核制度,建立健全检查考核机制和责任追究,加强对项目建设、运营管理重点领域、重点岗位和贯彻执行党的政治纪律情况的监督检查。

18.3.3 项目公司应认真落实"三重一大"要求,进一步规范重大决策、重要人事变动、重要项目安排、大额资金开支的集体研究制度,认真贯彻各项廉政教育,保证制度的可操作性以及受监督性。

18.3.4 项目公司应加强党风党纪廉政教育,定期组织召开党风廉洁工作会议,深入开展典型教育和"一查三评"等活动。

18.3.5 项目公司与参建单位签订主体合同时,同时签订廉政合同,明确廉政工作内容。

18.3.6 围绕工程重要节点,加强信息宣传力度。各参建单位要根据工程重要节点安排,全力配合宣传报道工作,安排人员负责信息的及时采编上报工作。

18.3.7 项目公司应抓好监督检查政策。畅通举报渠道,广泛征求意见,开展谈心谈话。重点落实好合同签约、设计变更、计量支付、资金拨付、后勤采购、考核检查等各种程序规定,积极开展党建廉政检查工作。

附录1 标准规范清单

序号	现行编号	名　　称
1	JTG B01—2014	公路工程技术标准
2	JTG 2120—2020	公路工程结构可靠性设计统一标准
3	建标〔2011〕124号	公路工程项目建设用地指标修订
4	交公路发〔2007〕358号	公路工程基本建设项目设计文件编制办法及图表示例
5	JTG F80/1—2017	公路工程质量检验评定标准第一册(土建工程)
6	JTG 2182—2020	公路工程质量检验评定标准第二册(机电工程)
7	JTG B05—2015	公路项目安全性评价规范
8	JTG B05-01—2013	公路护栏安全性能评价标准
9	JTG B02—2013	公路工程抗震规范
10	JTG/T 2231-01—2020	公路桥梁抗震设计规范
11	JTG/T 2231-02—2021	公路桥梁抗震性能评价细则
12	JTG 2232—2019	公路隧道抗震设计规范
13	JTG F90—2015	公路工程施工安全技术规范
14	JTG B03—2006	公路建设项目环境影响评价规范
15	JTG B04—2010	公路环境保护设计规范
16	JTG/T 2340—2020	公路工程节能规范
17	JTG/T 2420—2021	公路工程信息模型应用统一标准
18	JTG/T 2421—2021	公路工程设计信息模型应用标准
19	JTG/T 2422—2021	公路工程施工信息模型应用标准
20	JTG C10—2007	公路勘测规范
21	JTG C20—2011	公路工程地质勘察规范
22	JTG/T 3222—2020	公路工程物探规程
23	JTG C30—2015	公路工程水文勘测设计规范
24	JTG/T 3310—2019	公路工程混凝土结构耐久性设计规范
25	JTG D20—2017	公路路线设计规范
26	JTG D30—2015	公路路基设计规范
27	JTG/T D33—2012	公路排水设计规范
28	JTG/T 3334—2018	公路滑坡防治设计规范

续上表

序号	现行编号	名称
29	JTG D40—2011	公路水泥混凝土路面设计规范
30	JTG D50—2017	公路沥青路面设计规范
31	JTG/T 3350-03—2020	排水沥青路面设计与施工技术规范
32	JTG D60—2015	公路桥涵设计通用规范
33	JTG/T 3360-01—2018	公路桥梁抗风设计规范
34	JTG/T 3360-02—2020	公路桥梁抗撞设计规范
35	JTG/T 3360-03—2018	公路桥梁景观设计规范
36	JTG D61—2005	公路圬工桥涵设计规范
37	JTG 3362—2018	公路钢筋混凝土及预应力混凝土桥涵设计规范
38	JTG 3363—2019	公路桥涵地基与基础设计规范
39	JTG D64—2015	公路钢结构桥梁设计规范
40	JTG D64-01—2015	公路钢混组合桥梁设计与施工规范
41	JTG/T 3364-02—2019	公路钢桥面铺装设计与施工技术规范
42	JTG/T 3365-01—2020	公路斜拉桥设计规范
43	JTG/T 3365-02—2020	公路涵洞设计规范
44	JTG/T D65-05—2015	公路悬索桥设计规范
45	JTG/T D65-06—2015	公路钢管混凝土拱桥设计规范
46	JTG 3370.1—2018	公路隧道设计规范 第一册(土建工程)
47	JTG D70/2—2014	公路隧道设计规范 第二册(交通工程与附属设施)
48	JTG/T D70—2010	公路隧道设计细则
49	JTG/T D70/2-01—2014	公路隧道照明设计细则
50	JTG/T D70/2-02—2014	公路隧道通风设计细则
51	JTG/T 3374—2020	公路瓦斯隧道设计与施工技术规范
52	JTG D80—2006	高速公路交通工程及沿线设施设计通用规范
53	JTG D81—2017	公路交通安全设施设计规范
54	JTG/T D81—2017	公路交通安全设施设计细则
55	JTG/T 3381-02—2020	公路限速标志设计规范
56	JTG D82—2009	公路交通标志和标线设置规范
57	JTG/T 3383-01—2020	公路通信及电力管道设计规范
58	JTG E20—2011	公路工程沥青及沥青混合料试验规程
59	JTG 3420—2020	公路工程水泥及水泥混凝土试验规程
60	JTG 3430—2020	公路土工试验规程
61	JTG E41—2005	公路工程岩石试验规程
62	JTG E42—2005	公路工程集料试验规程

续上表

序号	现行编号	名称
63	JTG E50—2005	公路工程土工合成材料试验规程
64	JTG E51—2009	公路工程无机结合料稳定材料试验规程
65	JTG 3450—2019	公路路基路面现场测试规程
66	JTG/T 3512—2020	公路工程基桩检测技术规程
67	JTG/T 3610—2019	公路路基施工技术规范
68	JTG/T F20—2015	公路路面基层施工技术细则
69	JTG/T F30—2014	公路水泥混凝土路面施工技术细则
70	JTG F40—2004	公路沥青路面施工技术规范
71	JTG/T 3650—2020	公路桥涵施工技术规范
72	JTG/T 3650-02—2019	特大跨径公路桥梁施工测量规范
73	JTG/T 3660—2020	公路隧道施工技术规范
74	JTG/T 3671—2021	公路交通安全设施施工技术规范
75	JTG/T F72—2011	公路隧道交通工程与附属设施施工技术规范
76	JTG G10—2016	公路工程施工监理规范
77	JTG 3810—2017	公路工程建设项目造价文件管理导则
78	JTG/T 3811—2020	公路工程施工定额测定与编制规程
79	JTG/T 3812—2020	公路工程建设项目造价数据标准
80	JTG 3820—2018	公路工程建设项目投资估算编制办法
81	JTG/T 3821—2018	公路工程估算指标
82	JTG 3830—2018	公路工程建设项目概算预算编制办法
83	JTG/T 3831—2018	公路工程概算定额
84	JTG/T 3832—2018	公路工程预算定额
85	JTG/T 3833—2018	公路工程机械台班费用定额

附录2 部门职责

四川雅康高速公路有限责任公司各部门、业主代表处职责(试行)

综合办公室职责

1 负责公司和董事会日常事务工作,与各级部门和单位联系沟通,围绕公司中心工作开展调查研究,为公司决策提供依据,负责公司决策、目标计划的督查、督办、考核、评价等工作。

2 负责公司文书、档案管理和制度建设,负责草拟公司综合性文件、报告、工作总结、工作安排、会议纪要和其他综合性文字材料,编发工作简报、上报项目工作信息,负责印章管理和保密工作。

3 负责公司固定资产、办公生活用品、车辆的统一管理。

4 负责公司宣传、接待、信访以及公司会议的组织、会务等工作。

5 负责公司人事管理,执行公司薪酬管理、绩效考核制度,负责人员调配、职工绩效考核、晋职晋级申报、职务职称聘任和教育培训等工作。

6 负责公司党总支日常工作和党风廉政建设、纪检监察、精神文明建设工作;负责公司工会、妇女、团组织以及爱国卫生、计划生育等工作。

7 负责公司法制宣传、综合治理工作,处理有关法律事务。

8 负责职责范围内的安全生产和廉洁建设工作。

9 完成领导交代的其他工作。

工程建设部(安全生产办公室)工作职责

1 负责工程建设管理工作。

(1)负责工程进度管理工作。根据项目总体建设目标,编制工程建设总体及年、季、月进度计划,编制上报年度、季度、月投资计划;组织审查重要工程、关键工程施工组织方案;组织召开项目建设年度、年、季、月工作会议,安排部署、检查监督各项目标计划的实施,组织对各代表处和各参建单位的综合考评。

(2) 负责工程质量管理工作。建立健全质量保证体系和质量责任制度;制定并不断完善质量监控措施、质量通病防治措施;深入施工现场巡查,掌握工程质量动态,督促质量缺陷整改,及时纠正处理合同违约行为,及时上报、处理质量事故;配合上级部门的监督、检查。

(3) 负责工程费用管理工作。包括计量与支付、价格调整、费用索赔等的管理制定并执行项目工程费用管理办法;组织计量支付报表编制、审查;建立费用计量支付台账;组织费用计量支付管理检查,提出相应处理意见报告。

(4) 负责工程变更管理工作。组织制定并执行项目工程变更设计管理实施细则;组织方案评审、变更审批与实施,建立变更管理台账。

(5) 负责设计后期服务管理工作。监督、协调设计单位做好设计后期服务工作,负责监督、协调咨询单位做好变更设计咨询服务工作。

(6) 负责工程监理、试验检测管理工作。监督、协调监理、试验检测单位做好监理和试验检测服务工作;审查相关工作计划、报告。

(7) 负责项目工程竣工资料的管理工作。组织制定并执行项目工程竣工资料管理办法;组织竣工资料的检查、整理、归档。组织完成竣工文件编制。

(8) 负责工程计划统计管理工作。组织制定并执行项目工程计划统计管理办法;组织计划统计报表的编制、审查、报送;组织相应检查、建立相应管理台账。

(9) 负责工程交、竣工验收管理;参与科研项目管理工作并负责组织现场实施。

2 负责征地拆迁和施工协调工作。

(1) 负责协助相关部门完成项目建设用地手续批复的相关事宜。

(2) 负责依据上级批复设计文件,按工程建设进度的要求,向沿线市、县(区)指挥部提供征地拆迁图纸资料及征地拆迁数量。

(3) 负责组织相关单位实施项目工程征地拆迁的复测放线、打桩、埋界、土地丈量登记、拆迁物的核实造册等工作。

(4) 组织审核征地拆迁的实际数量和补偿费用,根据征地拆迁工作进度提出付款计划,会同财务部门完成征地拆迁费用结算。

(5) 组织、协调沿线市、县(区)指挥部完成施工协调工作,办理施工临时用地手续,及时提交工程施工使用。

(6) 负责项目路产、路权的管理,办理公路及配套、服务设施征地拆迁的产权手续及有关审批文件。

(7) 负责项目征地拆迁、施工协调的统计联络、解释宣传工作。

(8)负责组织征地拆迁工作人员业务培训。

3 负责安全生产管理工作。

(1)建立健全项目建设安全管理体系和责任制度,制定项目建设安全生产管理制度、安全生产工作规划、年度和季度工作计划,经审定后组织实施和检查考核;配合上级部门的监督、检查。

(2)负责综合统计上报安全生产报表和安全生产情况报告。

(3)负责参加项目安全生产评价审查、工程验收等工作。

(4)负责组织项目建设各单位开展安全教育和安全知识竞赛,收集安全生产信息,掌握安全生产动态,总结推广安全工作先进经验。

(5)负责监督管理项目建设各单位劳动防护用品的配备、使用和管理。

(6)负责组织项目安全事故的调查分析,并提出处理意见。

(7)负责编制安全生产经费预算,监督安全生产费用的合理使用。

4 负责职责范围内的安全生产和廉洁建设工作。

5 完成领导临时交办的其他工作。

技术合同部工作职责

1 负责贯彻执行公路工程项目建设法律、法规和方针、政策,结合实际制订本项目工程建设的技术管理制度并负责监督贯彻实施。

2 负责项目招投标管理工作。

3 负责配合上级单位做好项目工程勘察设计管理工作。配合上级主管部门组织完成项目工可以及环境影响评价、水土保持方案、用地预审等专项报告的编制、审查和报批工作;负责配合上级单位组织初步设计(含概算)、施工图设计文件(含预算)的编制、审查和报批工作。

4 负责项目合同文件管理工作。组织制定并执行项目合同文件管理办法;组织合同文件的编制、审查、鉴定;负责合同条款的解释。

5 负责工程技术管理工作。组织设计交底;组织技术交流、考察、培训并编制相应报告;配合上级单位组织特长隧道、特大桥梁等重特大工程施工组织设计、较大、重大设计变更方案的审查;负责对工程质量事故进行调查并提出处理意见。

6 负责项目造价管理工作。建立健全项目工程造价管理与控制体系,落实工作责任;组织项目工程造价管理检查,掌握造价控制动态,提出相关处理意见报告;配合上级部门的监督检查;组织工程估、概、预决算编制、审查和报批。

7 负责科研及信息化建设管理工作。组织完成科研及信息化建设项目的立项、检查、统计、汇报、结题、报奖。

8 参与相关部门组织的专项督查,参与交竣工验收。

9 负责职责范围内的安全生产和廉政建设工作。

10 完成领导交办的其他工作。

财务部工作职责

1 负责贯彻执行国家相关会计法律法规、财经纪律、财务制度,严格履行会计法赋予的权利和义务。

2 建立健全公司会计核算等内控制度,制定并执行相应的财务管理办法。

3 负责公司年度财务预决算的编制和报批,组织财务预算的执行考核。

4 依据工程建设资金计划,积极合理筹措资金;根据合同依法及时拨付各类款项,保证工程建设资金需求。

5 负责项目工程建设资金的监督管理工作,制定并执行项目工程建设资金管理办法,定期检查资金使用情况,完成相应报告,提出处理意见,确保工程建设资金专款专用。

6 负责公司固定资产核算,定期组织固定资产清查盘点,协调实物管理和使用部门进行固定资产定额配置、调剂、新增、更新、使用维修、清查盘点等项工作。

7 负责公司会计核算,定期编制财务会计报告、报表,及时、真实、准确、完整提供各类会计信息资料。

8 配合上级审计部门财务审计工作,负责内部财务审计工作。

9 负责组织完成本项目竣工财务决算编制、审查、上报工作。

10 负责本部门形成的财务会计、文书档案立卷归档工作,按规定及时移交办公室。

11 负责职责范围内的安全生产和廉政建设工作。

12 完成领导交办的其他工作。

业主代表处工作职责

1 负责代表公司对所辖路段工程建设进行质量、安全、进度、投资、环水保、征地拆迁、施工协调等的现场管理,执行合同和各项管理制度,定期编写并上报工程建设信息,接受公司各处室部门的业务指导和监督检查、考核评价,完成公司下达的目标任务。

2 负责对所辖路段工程建设监理、试验检测、施工设计等有关单位进行合同管理。定期组织各单位履约情况检查,完成各单位履约考核和信用评价初评。

3 负责所辖路段工程建设的计划统计、计量支付、变更设计、重大技术方案的编制、审查、上报等管理工作,组织或参与工程建设的技术服务和科技攻关工作。

4. 负责代表处内部后勤保障及日常行政办公、安保管理，在兼代表处工作安排、考勤和考核，与公司管理办公室协调安排和办理出用车、配合和协助公司各部门开展有关公务以及接待事务。

5. 负责联系范围内的安全生产和廉政建设工作。

6. 完成公司交办的其他工作。